企业合规律师手册

Corporate Compliance

李奋飞　陶朗逍　主编

法律出版社 | LAW PRESS
北京

图书在版编目(CIP)数据

企业合规律师手册 / 李奋飞，陶朗道主编. -- 北京：法律出版社，2023

ISBN 978 - 7 - 5197 - 8002 - 9

Ⅰ. ①企… Ⅱ. ①李… ②陶… Ⅲ. ①企业法 - 中国 - 手册 Ⅳ. ①D922.291.914 - 62

中国国家版本馆 CIP 数据核字(2023)第 104023 号

企业合规律师手册
QIYE HEGUI LÜSHI SHOUCE

李奋飞　陶朗道　主编

策划编辑 沈小英
责任编辑 刘晓萌
装帧设计 鲍龙卉

出版发行 法律出版社
编辑统筹 法治与经济出版分社
责任校对 王晓萍　王语童
责任印制 吕亚莉
经　　销 新华书店

开本 710 毫米 × 1000 毫米　1/16
印张 13.5　**字数** 207 千
版本 2023 年 7 月第 1 版
印次 2023 年 7 月第 1 次印刷
印刷 天津嘉恒印务有限公司

地址：北京市丰台区莲花池西里 7 号(100073)
网址：www.lawpress.com.cn
投稿邮箱：info@lawpress.com.cn
举报盗版邮箱：jbwq@lawpress.com.cn

销售电话：010 - 83938349
客服电话：010 - 83938350
咨询电话：010 - 63939796

书号：ISBN 978 - 7 - 5197 - 8002 - 9　**定价**：68.00 元

凡购买本社图书，如有印装错误，我社负责退换。电话：010 - 83938349

作 者 简 介

李奋飞 中国人民大学法学院教授、博士研究生导师，最高人民检察院企业合规检察研究基地主任

陶朗道 北京科技大学文法学院讲师

尹云霞 上海市方达律师事务所合规及政府监管业务负责合伙人

葛　燕 北京市中伦律师事务所权益合伙人

彭逸轩 北京市炜衡律师事务所高级合伙人、刑事业务部主任

韩　旸 北京市金杜律师事务所合伙人

吴　鑫 国浩律师（苏州）事务所律师

序

以往,我国律师大多只在涉外或金融领域的服务中涉及合规问题,那时,合规只是传统律师非诉业务的支撑,难以独立地带来社会效益和经济收益。但是,最高人民检察院于2020年3月起开始推行涉案企业合规改革,至今,该项改革已经成为法院、检察院、公安机关、行政机关等协同参与的社会综合治理改革,合规逐渐成为国家治理企业违法犯罪的有效工具,也成为企业强化自治和管理的常见手段。司法制度的革新、企业治理的改进离不开律师作用的积极发挥,"合规律师"这一群体正不断壮大。

不过,合规正式引入我国仅3年有余,各大高校法学院鲜少开设合规相关课程,行业协会、科研机构举办的合规培训又经常缺乏体系性,使得我国法律服务市场上真正懂合规的律师少之又少。许多律师尚不了解办理企业合规案件的基本方法,对于合规辩护人、合规监管人、合规顾问的职责缺乏认识,不懂如何帮助涉案企业通过合规整改换取从宽处理的机会。

在此背景下,为了提升律师提供合规服务的质量,继续推动这场利国惠企益民的涉案企业合规改革,我邀请方达律师事务所的尹云霞律师、中伦律师事务所的葛燕律师、炜衡律师事务所的彭逸轩律师、金杜律师事务所的韩旸律师、国浩律师事务所的吴鑫律师共同编写了这本实务手册。这些专家合伙人均来自国内领先的律师事务所，办理过多起企业合规案件，具有丰富的理论储备和实践经验，愿意慷慨无私地传授合规实务知识。在我与北京科技大学文法学院讲师陶朗道的统筹编纂下，在法律出版社法治与经济出版分社沈小英社长、刘晓萌编辑的策划编辑下，本书终于要在2023年火热的夏季付梓出版了。

本书以简单的语言和清晰的结构，全面呈现律师办理企业合规案件的经验，包括企业犯罪原因自查的手段、制作合规风险清单的方法、打造合规整改方案的策略、应对司法人员和第三方组织成员合规监管的路径等，能够满足合规律师从业的知识需要。希望有志于从事合规业务的律师，想要了解合规服务范畴的企业高管，以及期望兼顾合规服务的会计师、审计师等，都能够从本书的阅读中获益。

谨识于中国人民大学明德法学楼

2023年7月

目　录 / Contents

第一章　律师合规业务基本情况概览 / 001

第一节　律师合规业务的类型 / 003

一、合规体系建设 / 003

二、合规尽职调查 / 013

三、内部调查 / 020

四、协助企业配合政府检查 / 026

五、合规咨询 / 032

第二节　律师合规业务的前景 / 033

一、反腐败合规业务 / 034

二、数据合规业务 / 037

三、出口管制与制裁合规业务 / 041

四、刑事合规不起诉业务 / 043

五、环保合规业务 / 045

六、反垄断合规业务 / 048

第二章　我国企业合规改革中律师的机遇 / 051

第一节　我国企业合规改革的基本发展 / 053

一、国内企业合规改革的必要性 / 053

二、国内企业合规发展情况 / 056

第二节　企业合规改革中的律师角色 / 058

一、诉前合规顾问 / 058

二、诉中协助合规的辩护人 / 062

三、诉后第三方合规监管人 / 064

四、企业合规改革中不同律师角色之间的关系 / 067

第三节　律师企业合规业务的机遇 / 070

一、企业合规业务的国内外形势 / 070

二、律师在企业合规领域的核心竞争力及发力点 / 073

第三章　律师如何做好企业合规刑事辩护人 / 079

第一节　区分企业案件与个人案件 / 081

一、企业作为案件主体的要求 / 082

二、企业案件的特征 / 083

三、企业案件与个人案件的具体区分标准 / 085

四、难以区分案件主体的情形 / 086

第二节　促进合规不起诉 / 097

一、帮助涉案企业向检察机关合理表达合规意愿 / 098

二、促成企业多方面考评达标 / 099

三、代表企业与办案机关沟通 / 102

第三节 推动有效合规整改 / 103

一、转变角色定位,发挥合规专业技能 / 103

二、专项合规体系的基本范式和步骤 / 104

第四章 律师如何做好企业合规监管人 / 117

第一节 第三方监督评估机制的国内形态 / 119

一、第三方监督评估机制的雏形 / 119

二、第三方监督评估机制的主体定位 / 124

三、第三方监督评估机制的运行 / 127

四、第三方监督评估机制的发展前景 / 132

第二节 律师落实有效合规监管职责 / 135

一、我国涉企合规制度中的监管人职责探究 / 135

二、律师担任合规监管人的必要性与优势 / 138

三、律师作为合规监管人的有效合规监管路径 / 144

第五章 律师如何做好企业合规顾问 / 149

第一节 企业合规顾问概述 / 151

一、合规顾问与合规监管人 / 151

二、企业合规顾问、法律顾问、合规师(合规官)的异同 / 154

三、我国律师合规顾问业务的现状 / 158

第二节 企业合规顾问怎么做 / 174

一、目标——帮助企业进行有效合规 / 174

二、流程——从"计划打造"到"落地运行" / 181

三、运维——从"监管应对"到"文化建设" / 193

第三节 企业合规顾问的职业伦理 / 201
一、企业合规顾问的执业原则 / 201
二、合规顾问的责任风险 / 206

第一章

律师合规业务基本情况概览

近年来“合规”逐渐成为热门词汇。在很多法律语境下，企业合规不仅被视为公司治理方式，还经常被视为一种律师的法律服务业务，通常与“公司治理”和“政府监管”并列在一起，被作为横跨众多业务领域的交叉业务。对于行业和社会而言，合规业务目前更多地停留在简单的概念层面，对于律师合规业务究竟包括什么，律师合规业务的重要性，如何开展律师合规业务，以及律师合规业务中会遇到哪些难点等问题都不甚清楚。本章将从上述方面为读者们进行全面解答。

第一节　律师合规业务的类型

所谓“合规业务”，是指律师或律师事务所帮助企业建立和完善合规计划，应对政府监管和刑事调查，协助企业防控和规避法律风险的法律服务活动。①通常包括合规体系建设、合规尽职调查、内部调查、协助企业配合政府检查、合规咨询等业务类型，并随着立法、执法等监管环境的变化和社会的不断发展而不断丰富。

一、合规体系建设

（一）为什么要进行合规体系建设

在当今时代，政策层面，国内外陆续出台并完善对企业合规管理体系建设以及有效性评估的政策及标准，对企业合规体系建设提出越来越高的要求；执法层面，中兴、华为、滴滴等大型企业接连因不合规行为受到国内外执法机关的调查与高额处罚，给企业带来“切肤之痛”。“合规”已成为我国政府工作和企业经营的重要议题，搭建有效合规体系对于企业而言是大势所趋。

① 参见陈瑞华：《企业合规制度的三个维度——比较法视野下的分析》，载《比较法研究》2019 年第 3 期。

企业主动建立一套完善有效的合规体系,不仅可以降低企业运营和发展中的合规风险,而且可以降低企业因员工自身不合规行为而承担法律责任的风险,甚至还可能成为企业应对政府执法的有效抗辩。迄今为止,我国、国际组织及欧美国家通过立法及颁布相应指引、标准等方式,如我国《中央企业合规管理办法》及《企业境外经营合规管理指引》、国际标准化组织(International Organization for Standardization,ISO)更新的《合规管理体系 要求及使用指南》(ISO 37301:2021)、《世界银行集团诚信合规指南》(World Bank Group Integrity Compliance Guidelines)、美国《反海外腐败法》(Foreign Corrupt Practices Act,FCPA)、美国《出口管制法合规指引》(Compliance Guidelines: How to Develop an Effective Export Management and Compliance Program and Manual)、英国《反贿赂法》(UK Bribery Act),以及法国《萨宾第二法案》(Loi Sapin Ⅱ)等,体现了企业建立有效合规体系的重要性,并明确了有效合规体系的基本要素或合理程序,为企业搭建完善有效的合规体系提供指引。

1. 我国对建立企业合规机制的要求和意义

近几年,我国企业合规管理重要依据陆续发布,国家从法律法规层面明确鼓励或者要求企业建立完善有效的合规机制,有效的合规机制也是企业化解风险、应对执法的重要措施。

(1)企业合规管理重要依据陆续发布,逐步明确企业合规机制要求

近年来,为应对境内外重大合规风险,我国陆续出台了相关企业合规指引,不断明确与完善对企业合规机制的要求。2018 年国务院国有资产监督管理委员会(以下简称国资委)印发《中央企业合规管理指引(试行)》,国家发展和改革委员会(以下简称发改委)联合其他六部门联合发布《企业境外经营合规管理指引》,2022 年国资委印发《中央企业合规管理办法》。这三项指引,一方面,对中央企业的合规管理从原则、组织架构与职责、合规制度、运行机制、合规文

化、信息化建设及监督问责等方面提出了系统性要求;另一方面,对企业提升境外经营管理水平、合规管理水平提供了参考。需要指出的是,这三项指引虽明确规定仅适用于央企,但对地方国企、民营企业开展合规体系建设无疑也具有重要的参考和借鉴意义。

(2)有效的合规管理体系是企业化解风险、应对执法的重要措施

从刑事层面来看,首先,刑事合规附条件不起诉制度逐渐落地。2020 年 8 月,深圳市宝安区人民检察院与深圳市宝安区司法局在宝安区人民检察院举办了企业刑事合规协作会签仪式。会上,深圳市宝安区司法局正式发布了《关于企业刑事合规独立监控人选任及管理规定(试行)》。该规定的出台标志着我国刑事合规制度开始在司法实务中落地生根。2021 年 6 月 3 日,最高人民检察院、司法部等九部门联合发布《关于建立涉案企业合规第三方监督评估机制的指导意见(试行)》。该指导意见规定,人民检察院在办理涉企犯罪案件时,对符合企业合规改革试点适用条件的,交由"第三方机制管委会"选任组成的"第三方组织",对涉案企业的合规承诺进行调查、评估、监督和考察,考察结果作为人民检察院依法处理案件的重要参考,包括依法作出不批准逮捕、不起诉、变更强制措施等决定,以及提出从宽、适用缓刑等量刑建议。其次,在司法实践中,法院在过往判决中已经开始对企业的合规政策予以考量,企业合规机制成为区分单位责任和个人责任的重要工具,如雀巢案。2011 年至 2013 年 9 月,多名雀巢(中国)西安分公司和兰州分公司的员工为推销配方奶粉,通过支付好处费等手段,从兰州市多家医院的医务人员处获取公民个人信息(包括孕产妇姓名、新生儿出生年月、家长联系电话等)。因雀巢公司在政策、员工行为规范、"雀巢宪章"等文件中明确禁止员工的该等行为,法院仅对雀巢公司涉案员工处以刑罚。雀巢公司通过有效的合规制度成功证明其在该案中没有单位违法意志,该案亦成为中国司法实践中的典型案例。

从行政层面来看，首先，2021 年全国人大常委会审议通过了修订后的《中华人民共和国行政处罚法》（以下简称 2021 年《行政处罚法》）。2021 年《行政处罚法》纳入了主观要件，规定当事人有证据证明没有主观过错的，不予行政处罚。而企业建立合规管理体系并有效执行是证明没有主观过错的重要证据。其次，《中华人民共和国反不正当竞争法》（以下简称《反不正当竞争法》）也存在对企业合规措施的考量。我国现行《反不正当竞争法》第 7 条第 3 款规定：“经营者的工作人员进行贿赂的，应当认定为经营者的行为；但是，经营者有证据证明该工作人员的行为与为经营者谋取交易机会或者竞争优势无关的除外。”原国家工商总局相关负责人表示，上述《反不正当竞争法》第 7 条第 3 款是指：“经营者已制定合法、合规、合理的措施，采取有效措施进行监管，不应放纵或变相放纵工作人员实行贿赂行为。”该解读，无疑是给企业在应对相关部门的反商业贿赂执法时提供了合规抗辩的重要参考。

2. 国际组织及欧美国家对企业合规机制的考量或要求

（1）世界银行对企业合规机制的考量或要求

世界银行十分强调在企业内部建立合规计划（compliance program）的重要性，以预防和减少企业不合规行为对世界银行所资助活动可能带来的风险，并就此专门制定《世界银行集团诚信合规指南》，对合规计划的内容及标准进行具体规定。因此，对于企业来说，建立并实施合规计划不仅对于世界银行制裁体系是一项长期有效的应对机制，对于提升企业的合规管控水平及合规文化同样行之有效。

其一，合规机制是世界银行制裁措施的重要组成部分。世界银行在《世界银行制裁指引》（World Bank Group Sanctioning Guidelines，以下简称《制裁指引》）中反复强调“重整”（rehabilitation）是减少廉政合规风险的核心措施。所谓重整，是指通过施加特定条件帮助被制裁方提升廉政文化、防止再犯。这也是世界银行将附条件恢复资格作为默认制裁措施的核心原因之一,其明确强调,施加条件是为了鼓励被制裁方进行合规建设,以期减少未来对世界银行所资助活动可能带来的风险。这一理念对于附条件不取消资格、取消资格(包括永久期限及一定期限内的取消资格)等其他制裁措施亦适用,在适用这些制裁措施之前合规计划均被考虑在内。

其二,合规计划是考量制裁措施的重要减轻因素之一。在《制裁指引》所列举的减轻因素中,"有效的合规计划"(effective compliance program)为明确列举的减轻因素之一。当然,对于是否"有效"的判断将综合合规计划的设置、实际实施效果进行考量,仅为"书面计划"将无法认定其有效性。这便要求企业不仅应从书面上保证合规计划设计完善,还应保证其实施性并能融入日常经营中。

其三,合规计划是达成和解协议的重要条件之一。世界银行的和解机制允许被调查对象和廉政局在制裁程序的任何阶段(包括调查阶段)及制裁理事会最终裁决之前达成和解协议,并由惩办专员进行审查。选择和解谈判,企业将可能以遵守廉政局所提出的特定条件换取更轻程度的制裁措施,如更短期限的制裁。而企业同意制订并实施合规计划,便是达成和解协议的重要条件之一。

根据《世界银行集团诚信合规指南》,总体而言,一项有效的合规计划应包括书面政策及程序,并将合规实践融入企业日常运营中,制订、实施并遵守符合要求的合规计划是企业全体员工及高管的责任所在。

(2)美国《反海外腐败法》

有效的企业合规机制是 FCPA 执法机关美国司法部(Department of Justice,DOJ)和美国证券交易委员会(Securities and Exchange Commission,SEC)执法时的重要考量因素。如果企业具备有效的合规机制,可以大大降低被 FCPA 执法的可能性,FCPA 执法机关以此来鼓励受 FCPA 管辖的企业在集团公司范围内实施有效的合规机制。在DOJ和SEC执法的过程中,如果企业事先建立了有效的合规管理制度,那么将在法律允许的范围内被酌情从宽处理。

在FCPA下,DOJ和SEC采用“实用主义”的方法来对企业是否具备有效的合规机制进行个案评估。2012年《FCPA资源指南》(A Resource Guide to the U. S. Foreign Corrupt Practices Act)针对有效的合规机制提出了三大基本原则:企业合规机制的设计是否合理、是否被善意地实施以及是否有效。DOJ于2020年对该指南进行了更新。2017年,DOJ在《FCPA资源指南》的基础上,制定了《企业合规机制评估》(Evaluation of Corporate Compliance Programs)指引(以下简称《合规评估指引》),并于2019年和2020年进行了更新。《合规评估指引》是美国检察官在执法(包括FCPA、制裁与出口管制、反洗钱等各类案件的执法)时评估企业在违法当时、起诉或结案(resolution)时认定企业合规机制有效性的一个指引,旨在帮助检察官确定合适的结案或起诉方式、罚金(如有)以及企业在刑事结案中应承担的合规义务,如合规监督及报告义务等。美国DOJ《合规评估指引》关键内容如表1所示。

表1　美国司法部《合规评估指引》摘要翻译

项目		具体内容
企业合规机制的搭建	风险评估	·风险管理流程; ·与风险相适应的资源配置; ·风险评估的定期审查、更新和修订; ·吸取的经验教训
	政策和程序	·设计与更新; ·全面性; ·公开性(是否向员工、子公司及第三方等进行传达、政策是否被公开、是否易于员工获取、是否持续追踪并了解哪些政策吸引了相关员工更多的注意); ·融入日常经营与内控机制的情况; ·向内控人员提供的指导和培训

续表

项目		具体内容
	培训和沟通	·与风险相适应的培训； ·培训的形式、内容和有效性（线上、线下培训中员工是否有途径提问）； ·针对不当行为给员工传达的态度； ·员工可获得的指导
	匿名举报机制和调查流程	·举报机制的有效性（是否有匿名举报机制、是否采取措施检测员工是否知晓举报热线、如何评估举报的严重性）； ·内部调查的开展、调查范围的合理性、调查的独立性、客观性、调查文件留存、调查主体等； ·对调查结果的响应和追责； ·对举报和调查机制的资源投入及结果追踪（是否定期检测举报机制的有效性）
	第三方管理	·与风险相适应的第三方管控流程及与企业采购和供应商管理流程的融合； ·适当的管控（使用第三方的必要性和合理性、与第三方的合同条款）； ·第三方的管理与监督（针对第三方的奖惩机制、审计权、对第三方的全周期管控）； ·风险点的实时监督和处理
	并购	·尽调流程（投资前的尽职调查）； ·并购流程中的合规整改及流程； ·从投前尽调到投后实施合规管控措施的流程（投后在新实体上实施合规政策和程序、投后审计的流程）
企业合规机制的实施	中高层领导的合规承诺	·管理层人员（言行的合规性、向员工传达的合规态度、如何处理业务或收入与合规风险的关系）； ·中高级管理人员的合规行动与承诺； ·董事会、审计人员的合规监督（具体措施）

续表

项目		具体内容
	自治和资源	·合规架构(合规组织汇报线、合规官、合规人员、选择当前合规架构的原因); ·合规组织的权威和地位; ·合规人员的经验和资历(对合规内控人员的培训和发展); ·对合规的人员投入和资源支持; ·数据资源与便利(合规人员在行使职能时利用和获取数据资源的便利性及障碍;如果存在障碍,如何解决); ·合规职能的独立性(向董事会/审计委员会直接汇报的权力、汇报频率等); ·合规职能的外包(是否外包,若是,如何进行监管)
	奖惩措施	·奖惩措施的人事流程; ·奖惩措施适用的一致性(是否在组织内统一、一致的适用、合规职能是否监督内部调查及根据调查结果适用惩处措施的一致性); ·激励机制(如何奖励合规行为)
企业合规机制的有效性	持续性改善、定期检测和审查	·内部审计; ·内控检测; ·风险评估、政策、机制和程序等的持续性更新(是否基于自身不当行为和/或其他公司面临的类似风险,更新企业合规机制); ·合规文化
	不当行为的调查	·内部调查范围合理性、独立性、客观性和文件留存; ·内部调查结果的后续应对(惩处、追责、问题发生的根源分析)
	潜在不当行为的分析和补救	·问题发生的根源分析; ·此前的合规漏洞; ·付款流程漏洞与改善; ·供应商管理; ·此前不当行为的风险预示; ·补救措施; ·追责

See Evaluation of Corporate Compliance Programs, U. S. Department of Justice Criminal Division (Guidance Document Updated: June 2020).

值得注意的是,《合规评估指引》的内容与经济合作与发展组织(Organization for Economic Cooperation and Development,OECD)、世界银行等国际组织的合规指引内容有很大程度的相似性。其他国家(如法国、英国、巴西)也在学习和借鉴上述合规指引文件。此外,《合规评估指引》的主要内容与美国商务部工业与安全局等其他监管机构(如制裁、出口管制领域)发布的合规指引也有很大程度的相似性和一致性。跨国公司如果想在全世界范围内搭建普适、有效的合规机制,防范不同国家包括反腐败、制裁、出口管制等领域重大合规风险,《合规评估指引》是其可以参考的重要文件。

(3)英国《反贿赂法》

英国于2010年制定《反贿赂法》,该法于2011年7月1日正式生效。在该法下,若企业的关联方(如员工、代理、子公司等)为了企业保留或获得业务或在经营中谋取竞争优势而进行贿赂的,该企业将因未能阻止其关联方贿赂而违反《反贿赂法》。但如果企业能证明其制定了有效的程序来防止关联方行贿,则可以构成抗辩。[①] 这是一项绝对抗辩(full defense),只要企业能证明其具备充分的程序来阻止关联方的贿赂行为,即使个别关联方发生贿赂行为,企业依然可以据此免责。

(4)法国《萨宾第二法案》

法国于2016年12月8日通过《萨宾第二法案》,该法案具体条款分别于2017年6月1日和2018年1月1日正式生效。该法案要求符合一定条件的企业采取积极的措施和程序以防范腐败风险,并明确提出该等企业应建立八类合规机制,包括禁止腐败、内部举报程序、风险审查机制、第三方的风险评估程序、用以保证财务记账真实和准确的财务管控制度、合规培训、员工惩戒机制和建

① See Failure of Commercial Organizations to Prevent Bribery, UK Bribery Act (2010), Section 7, p. 5.

立内控机制。如未能采取上述合规措施,公司及包括首席执行官在内的高级管理人员均可能受到处罚,执法机关可能要求公司在规定期限内实施所要求的合规制度,并对个人处以最高 20 万欧元,对公司处以最高 100 万欧元的罚款。[①] 2019 年 2 月 4 日,法国反腐败执法机构根据《萨宾第二法案》的要求公布了新的《反腐败合规指引》(Anti corruption Compliance Guide),旨在帮助公司建立合乎要求的合规制度。[②]

(二)如何搭建有效的合规体系

在了解企业进行合规体系建设的重要性,以及国内外对企业合规机制的考量或要求后,律师应从以下三个方面协助企业搭建完善有效的合规体系。

1. 明确合规体系的目标与功能

不同的企业,因企业性质、现有合规内控制度、业务模式、合规风险点等诸多因素不同,对合规体系的需求亦不尽相同。例如,企业性质是国有企业、民营企业还是外资企业;企业已初步建立合规内控体系还是合规内控体系完全缺失;业务模式中的主要合规风险在于腐败贿赂、数据保护、制裁与出口管制、环境保护还是反垄断等其他领域;搭建合规体系的目的是事前预防企业经营中的潜在合规风险,还是满足客户对供应商等合作伙伴的合规体系标准要求,抑或是事后基于违法犯罪行为本身,为了检察机关不予起诉而搭建的刑事合规体系等。这些均会实质性影响企业合规体系搭建以及执行的方向,因此,律师协助企业搭建有效的合规体系的首要步骤即明确企业合规体系的目标,以功能为导

---

① See Other Measures to Combat Corruption and Various Breaches of Probity, Loi Sapin Ⅱ, Article 17.

② See Jones Day, *French Anticorruption Agency Sets the Pace: New Anticorruption Compliance Guide Just Published*, JDSUPRA (Mar. 08, 2019), https://www.jdsupra.com/legalnews/french-anticorruption-agency-sets-the-66282/.

向,在制度设计和流程执行中追求实效。

2. 合规风险排查及评估

通过问卷调查、人员访谈、媒体检索、文件审阅等方式,了解企业业务的基本形态、运作模式、分布、营运、管理等情况,梳理企业现有的合规相关制度,以及企业境内外主要合规风险方面涉及的法律法规,分析企业现有合规制度与国家法律法规及国际先进合规体系之间的差距,并在此基础上评估企业面临的合规风险点。

3. 设计有效的合规体系

在基于风险的合规体系确定之后,律师应当从合规体系的"有效性"角度,来设计合规管理体系的框架和内容。有效的合规体系应包括如下方面:(1)完善的合规管理组织架构。企业应建立执行层、管理层、决策层三位一体的合规管理组织架构,并建立业务部门、法务合规部门、审计及其他监管部门三道风险防线。(2)完善的合规政策体系。企业应制订并完善员工手册、合规总政策及各专项合规政策及对应流程,涵盖企业所有识别出的风险,并在重点风险领域形成专项合规指引,同时明确违反上述规定的后果及纪律处罚。(3)合规制度的有效落地与实施。企业应加强管理层对于企业合规工作的支持,如明确高层合规态度、定期组织合规培训、持续培养合规文化、加强合规审批和监督等,确保企业合规制度的有效落地与实施。(4)合规制度的持续监督与完善。企业应建立畅通的举报和调查机制,并加强对合规体系的测试和审查,不断发现现有合规体系的漏洞和问题,定期完善合规体系。

二、合规尽职调查

(一)开展合规尽职调查的目的

合规尽职调查通过评估被投资公司、合资伙伴(以下称目标公司)及其创始人、高管等关键人物的合规风险,协助投资方评估投前和投后风险。有效的合规尽职调查有助于投资方合理评估、应对目标公司的腐败贿赂、数据、制裁、垄断等方面的合规风险。若合规尽职调查所揭示的风险过高,出现了从根本上破坏交易的因素,投资方应考虑是否终止投资计划。若合规尽职调查表明目标公司存在一定的合规风险,但尚在承受范围内,则投资方应谨慎评估该等风险对投资价值的影响,做出合理的交易安排,同时制订恰当的改进措施,降低未来因目标公司不合规行为而被政府制裁的风险。

1. 评估目标公司风险

在合规尽职调查中,通过公开信息检索、财务账目审查等方式,投资方可以了解目标公司过往的不合规行为,还可以通过与管理层访谈等方式了解目标公司今后继续实施不合规行为的可能性,进而合理评估目标公司的风险。在股权投资和新设合资公司的交易中,若目标公司在投资前存在不合规行为,则被投资公司或合资公司的价值可能因为目标公司不合规行为所导致的潜在的政府处罚(如罚金、禁止参与政府采购、吊销营业执照等)及声誉损失而降低。同时,若被投资公司长期通过非法手段获取业务机会,一旦停止过往不合规的商业模式,其经营业绩也可能受到严重影响。

2. 评估目标公司关键人物风险

在合规尽职调查中,通过公开信息检索、背景调查等方式,投资方可以了解目标公司关键人物过往的不合规行为,还可以通过访谈等的方式了解目标公司关键人物的合规意识,合理评估其今后继续实施不合规行为的可能性,进而综合判断目标公司关键人物的风险。在一些股权投资和新设合资公司的交易中,目标公司高管等关键人物在投资后继续留任被投资公司或加入新设合资公司,负责被投资公司或新设合资公司的经营管理。若目标公司高管等关键人物因参与不合规行为而被政府执法,对于被投资公司或新设合资公司的经营可能造成不利影响。

3. 评估投资方的投前风险

在合规尽职调查中,可以通过如上所述方式,识别并评估目标公司及其关键人物过往不合规行为及其可能引发的合规风险,进而综合判断投资方的投前风险。在某些情况下,投资方可能为目标公司在其投资前发生的不合规行为承担责任。通过合规尽职调查,投资方可以了解目标公司过往的不合规行为并采取适当的应对措施,以避免因目标公司在投资前的不合规行为而受到牵连。

DOJ 和 SEC 发布的《FCPA 资源指南》表明,收购完成后,收购方(successor company)应承担被收购方(predecessor company)的法律责任,包括违反 FCPA 的法律责任。若收购方在反腐败尽职调查中发现目标公司存在腐败行为,及时向执法部门披露、配合相关调查程序并采取适当补救措施,则 DOJ 或 SEC 通常不会追究收购方的责任。

在中国法下,通常投资方无须为目标公司在投资前实施的不合规行为承担责任。但如果投资方知晓目标公司在投资前的不合规行为且该行为具有延续性,即在投资完成后,投资方为了保有不正当利益而参与或协助实施不合规行为,则投资方将为此承担责任。例如,目标公司为了获得某项政府审批而承诺给予某政府官员一定金额的现金,投资方在投资完成前知晓该情况,在投资完成后批准继续向该政府官员支付先前承诺的现金。在该情况下,投资方可能对该贿赂行为承担刑事责任。

4. 评估投资方的投后风险

在合规尽职调查中,可以通过如上所述方式,识别目标公司及其关键人物过往不合规行为,评估其今后继续实施不合规行为的可能性及可采取的降低合规风险的措施,进而综合判断投资方的投后风险。通过合规尽职调查,投资方不仅可以了解目标公司过往的不合规行为及其风险,还可以合理评估目标公司今后继续实施不合规行为的可能性，并就此推断自身可能因此承担的法律责任，从而合理安排其投资，包括考虑是否要对被投资公司、新设合资公司控股、合并财务报表等。

一般而言，在中国法下，除非投资方与被投资公司、新设合资公司在违法行为上具有共同的主观故意并共同实施违法行为，构成共犯，否则投资方不应对其子公司、目标公司的行为承担法律责任。但在海外的一些法律下，如美国的证券法，如果投资方已合并其与被投资公司、新设合资公司的财务报表，或投资方对被投资公司、新设合资公司具有控制力（如对被投资公司、新设合资公司控股，或有权指定被投资公司、新设合资公司董事会席位中的绝大多数等），则投资方可能会为被投资公司、新设合资公司投后的违法行为承担一定的法律责任。

5. 评估和预防资产流失的风险

合规尽职调查对于评估被投资公司、新设合资公司资产流失的风险，以及预防投后资产流失也具有积极的作用。在公司经营过程中，不乏个别高管为了自身利益，利用公司内控管理上的漏洞，通过进行虚假交易、关联交易或投资其拥有利益的关联公司等方式，向相关的第三方公司输送利益。通常来说，如果一家目标公司财务内控相对薄弱、高管拥有过大的费用和对外投资的审批权，对于高管的亲属关系、持有或通过他人代持股份的公司未有很好的披露制度，缺乏对关联交易的审查等，那么该被投资公司、新设合资公司可能存在较大的资产流失风险。合规尽职调查通过对目标公司的财务内控制度、过往交易及合作伙伴声誉等方面进行调查，有助于帮助投资方预测并预防投后被投资公司、新设合资公司资产流失的风险。

（二）如何开展合规风险评估

企业在开展投资活动时，应先对目标公司的合规风险进行评估，根据投资项目的合规风险等级开展相应强度的合规尽职调查。合规风险往往由多重因素决定，如投资所在地域、投资行业、业务模式、政府关联性、第三方的使用、投资股权比例和投资规模等。

此外，如果投资人具备风险缓减因素，实际投资风险也可能降低。例如，投资人投资规模较小、股权占比较低、投资人对于被投资公司所处的行业拥有丰富的行业经验、目标公司本身合规内控较为健全，或投资人与目标公司或其负责人先前拥有良好合作经验等。

根据投前的合规风险评估，投资人可以初步了解目标公司的合规风险等级。一般来说，一个投资活动的合规风险可以分为高、中、低三个等级。对应不同的风险等级，合规尽职调查可以分为高强度、中等强度、低强度 3 个类别。企业应对不同风险等级的投资项目采取不同强度的合规尽职调查，不同强度下的合规尽职调查需要开展不同类型的工作。完整的合规尽职调查一般包括公开信息检索、填写合规尽职调查问卷、关键主体背景调查、文件审阅、财务账目审查、关键人物访谈和现场调查等步骤。具体如下。

1. 公开信息检索。通过对目标公司及其关键人物进行媒体检索和数据库检索，确认相关主体是否曾经作为不合规行为的调查、指控和处罚对象，是否曾经有涉嫌不合规行为的传闻，为下一步合规调查指引重点方向。

2. 填写合规尽职调查问卷。通过让目标公司填写合规尽职调查问卷，了解目标公司的基本信息，但需要注意目标公司可能回避潜在的不合规行为，因此，合规律师不能单纯依赖合规尽职调查问卷而忽视其他合规尽职调查步骤。

3. 背景调查。通过聘用背景调查公司，了解目标公司及其关键人物的背景情况。对于被评估为高风险的目标公司，对其背景和声誉进行背景调查是十分有价值的。但是在挑选背景调查公司时应当慎重，因为部分背景调查公司可能采用不合规的调查手段。同时，为获得法律保密特权，宜通过律师来聘用背景调查公司。

4. 文件审阅。通过审阅目标公司大量与合规内控相关的文件,包括目标公司现有的合规政策、招投标文件、重大交易合同、与高风险第三方的合同、过往或现在进行的诉讼或政府执法文件等,识别目标公司潜在的合规风险。

5. 财务账目审查(通常适用于反腐败合规尽职调查)。通过审阅目标公司一定时间范围内的序时账、明细账及相应高风险费用所对应的原始财务凭证,发现并进一步核实目标公司的高风险费用,并对涉及的风险进行整体评估。

6. 关键人物访谈。通过访谈目标公司的关键人物,进一步核实目标公司业务、内控、政府关系等方面的真实情况,与关键人物沟通在前期尽职调查中已经发现的重大合规问题或潜在的合规隐患,并听取关键人物对潜在不合规现象的合理化解释,沟通未来的改进方案。

7. 现场调查。在某些情况下,现场调查可能有助于发现合规问题,例如,对可疑第三方进行实地走访调查,核实该第三方是否实际开展经营活动等。

(三)合规尽职调查的难点

1. 风险点的识别

合规尽职调查最大的难点在于风险点的识别。以反腐败合规尽职调查为例,在合规尽职调查开展前,当被投资方得知投资人委托专门的“反腐败律师”来开展合规尽职调查,其往往非常紧张,出于“自我保护”意识和顺利获得投资之目的,有的被调查对象会将敏感的材料和信息隐藏起来,甚至为了顺利获得投资,向合规尽职调查律师提供伪造的文件等虚假信息。所以,相比法律尽职调查,合规尽职调查开展的难度更大。如何快速、全面识别风险点,对合规律师来说是一个非常具有挑战性的工作。

合规律师可以通过与被调查对象进行充分沟通,阐明尽职调查的最终目的,缓减被调查对象的排斥心理,充分了解被调查对象的业务模式,与法律尽职调查团队、财务尽职调查团队充分沟通,充分识别目标公司的合规风险。

2. 财务账目审查识别高风险费用

以反腐败合规尽职调查为例,反腐败合规尽职调查一个关键的步骤就是财务账目审查,合规律师不仅需要对被调查对象的序时账、明细账进行审阅,同时需要对其中疑似高风险的科目进行抽查,审阅对应的原始凭证。面对被调查对象几万条,甚至几十万条序时账、明细账条目,如何在短时间内识别高风险科目和可疑费用,对合规律师来说是一件非常具有挑战性的工作,合规律师需要同时具备财务会计、法律知识,才能做好合规尽职调查。

合规律师可以通过学习掌握基本的财务知识,审阅目标公司财务账目,关注目标公司“钱的流向”,判断潜在贿赂资金如何从目标公司账目流入或支出。在大部分情况下,不当费用的支出往往是以“咨询费”“会议费”“服务费”“代理费”等名目出现。

3. 识别目标公司的业务模式

以数据合规尽职调查为例,不同行业的公司数据处理模式不同,其潜在或已存在的风险点也因此有较大差异。如何在时间有限的尽职调查过程中,准确理解目标公司的业务模式与数据收集、传输、处理等模式,并识别该模式下对应的风险点是数据合规尽职调查的难点之一。

合规尽职调查律师可以通过访谈,向目标公司的技术及业务人员了解公司业务模式及数据传输流程,并通过查看和测试业务系统,审阅合作协议与隐私政策等方式充分识别目标公司的数据合规风险点。

三、内部调查

（一）内部调查的起因

实践中，多种情形可能引发公司开展内部调查，常见情形包括：(1)举报。公司管理层或法务、合规部门收到内部员工(离职或在职)或外部第三方举报，启动内部调查对举报信息进行核实。(2)审计异常。公司内部例行审计发现员工潜在舞弊等不当行为，启动内部调查进一步核实。(3)政府执法。公司遭受公安机关、检察院、市场监督管理局等司法或行政执法部门调查，需要开展内部调查了解具体情况后向执法机关提交证据。(4)其他。例如，对于公司的负面舆情，如遭遇机构做空等负面新闻报道，客户或者竞争对手投诉等情形，公司亦可能视情况启动内部调查了解事实后进行危机应对。

（二）常见的舞弊行为

企业员工舞弊的形式多种多样，常见的舞弊手段包括：(1)员工伪造费用支出凭证，套取公司报销；(2)员工收取供应商等第三方贿赂，为其获取竞争优势；(3)员工伙同供应商等第三方通过虚构交易、虚增交易金额等，套取公司资金；(4)企业内部高级管理人员利用其实际控制的其他公司实施资本运作，如让其受聘公司投资或者聘用其实际控制的其他公司。员工套取的公司资金可能用于个人消费，也可能形成“行贿资金池”，用于对外行贿。因为职务侵占和对外行贿往往交织出现，舞弊更为行贿行为提供资金支持，现实中公司因此而遭受的不仅是经济损失，更是随时可能引爆的法律风险。

（三）内部调查的步骤

公司内部调查是加强风险管理和内部控制以及弥补损失的重要途径，随着企业对于合规工作的重视，越来越多的企业面临着如何开展合规内部调查的问题。有效的内部调查可以分为调查启动前、调查进行中和调查结束后三个阶段，并在整个内部调查过程中，公司均应注意调查程序的合法性与证据收集的有效性，避免因内部调查涉嫌违法或是取得的证据无法在诉讼等司法程序中使用等情况，导致公司最终无法对涉事主体进行处罚。

调查启动前：公司需要根据线索对事件性质进行初步判断，并初步确认负责团队、人员分工安排以及调查范围，同时依据实际状况决定是否进行相应危机管理。

调查进行中：内部调查正式启动后，通常通过背景信息收集、文件审阅、账目审查、第三方调查、访谈五个环节展开。不过，并不是每个内部调查的程序都会涉及这完整的五个环节，公司可以根据事件具体情况，适用部分环节或适当调整适用顺序。

1. 背景信息收集

背景信息收集包括但不限于对涉事主体的工商信息查询、公开信息检索和人员背景调查等。背景信息收集不仅是后续环节如文件审阅、第三方调查等工作的基础，而且能够在内部调查前期发现意想不到的线索。背景信息调查工作需要具有一定的经验，面对繁复的资料能够发现重要的疑点并制订清晰的调查方案，同时判断哪些线索对于调查是有帮助的，以在获得有价值信息的同时避免被无用信息所干扰。

例如，在某公司的反舞弊内部调查案件中，由于涉及公司多个业务领域内的多家关联公司，同时牵涉的关键员工较多且级别较高，调查团队在内部调查过程中，首先，通过背景信息收集，将问题可能涉及的所有关键公司、个人相互之间的关系绘制成图；其次，在公司人力资源部门的配合下寻找了解情况且易于突破的员工，获得大量关键信息；再次，根据所获得的信息梳理所有可能涉及的问题,筛选出后果较为严重且有可能收集到足够证据的重点问题进行突破;最后,调查团队在十分有限的时间内高效协助公司完成了一次大规模的内部调查。

2. 文件审阅

文件审阅泛指对事件有证明作用的一切书面资料、电子数据等客观材料的收集与审阅。一般情况下,内部调查都是从文件审阅开始。其原因在于,一方面,有利于秘密了解案件事实。文件的收集与审阅范围比较容易控制,有利于内部调查的秘密开展,而且通过文件审阅也能够更好地帮助公司全面了解和判断相关事项的总体情况,为后续的各个调查步骤提供大量基础信息,发现和挖掘问题。另一方面,有利于收集客观证据。文件审阅发现的关键文件可以作为客观证据,对待查事实具有良好的证明效力,对于侵犯商业秘密、职务侵占等内部舞弊行为,如果能够收集到足够的客观证据,往往就意味着可以对相关责任人进行处罚或者提请司法机关立案。但是在文件审阅过程中要考虑到证据提取的程序、证据的保存、参与取证的人员等问题,注意保护证据的有效性。

3. 账目审查

内部调查中的账目审查与一般的财务审计既相似又有不同之处。不同之处在于内部调查中的账目审查更关注财务收支背后的实质性问题,如审批流程是否完善、财物用途是否可疑、对应合同是否实际履行、报销发票内容是否合理等。在内部调查中进行的账目审查可以关注以下几点:第一,获取财务序时账、明细账,有助于了解财务账目的整体情况,防止忽略财务中可能存在的明显问题;第二,对重点科目、可疑支出进行筛查,常见高风险会计科目包括业务招待费、办公费、服务咨询费、业务宣传费、会议费或会务费、个人借支、备用金等;第三,核查原始报销凭证,确认发票所反映的内容是否真实;第四,注意法律适用性问题,若可能涉及单位犯罪,内部调查中需要收集公司免责的证据等,明确公司应当承担的责任和义务,做好法律应对工作。

举例来说,某调查团队在审阅公司账目时,起初并未发现太多明显的可疑费用或交易,发票经核验也均为真实,但在审阅原始财务凭证时,发现部分费用报销单据上用铅笔做了相似的标记,经与相关人员访谈核实发现,这些做过标记的费用发票并非真实的费用支出,而是员工从第三方处购买的发票,以此方式报销取得的资金最终进入了公司股东兼高管的私人账户。该内部调查是一例典型的通过账目审查找到关键信息的事例。

4. 第三方调查

在公司的内部调查过程中,还可能涉及外部供应商、合作伙伴,甚至经销商、分销商等第三方的腐败贿赂、舞弊等不合规行为,公司也要对这些商业伙伴进行尽职调查。有时,对第三方的调查可能为公司内部调查提供至关重要的信息、证据和突破口。在对第三方开展调查时,亦可以背景调查、现场走访、关键人员访谈等方式进行,如通过对被调查第三方进行背景调查,熟悉其业务情况。通过现场走访进行证据收集,通过访谈第三方关键人员获取外部证据等。

5. 访谈

一般来说,对被调查人员的访谈应尽量放在调查程序的最后,因为被调查人员多对调查抱有抗拒心理,为了防止其隐匿毁损证据,需要在前期尽可能固定证据。同时,如果访谈前能够掌握足够的信息,并在访谈中巧妙地利用某些局部的信息不对称和访谈技巧,对突破被调查人员的心理防线可能有出其不意的效果。

该环节需要注意的是,首先,访谈时应当安排至少两个访谈人员进行访谈,不仅有利于增强证明效力,也可以避免一对一谈话出现意外事项;其次,访谈中未征得对方同意的录音、录像证据具有法律效力,但取证中需要注意操作方式,不能使用窃听、窃照专用器材,也不能采用窃听、窃照的手段,否则可能因违反相关法律法规而受到处罚。同时，如果公司为美国公司，应综合考虑录音录像取证对于其法律保密特权的影响，慎重考虑通过录音录像的方式取证。

调查结束后：公司需要对调查的结果进行归纳和整理，形成规范性文件，经由负责的高管审查，供公司在作出处罚违规员工、奖励举报人员、调整内部管理制度等重大合规决策时进行参考。在此过程中，内部调查的各项文件应当作为合规记录予以妥善保存，以便后续开展风险识别、风险分析、风险应对等其他合规工作。

（四）内部调查的难点

随着内部调查重要性及必要性的凸显，开展内部调查的企业越来越多。但是，不少企业因内部调查阶段未能完全遵守法律和必要的程序，造成内部调查涉嫌违法、污染证据或是取得的证据无法在司法程序中使用的后果。“合法”“有效”地开展内部调查至关重要。

公司开展内部调查首先需判断被调查事项的性质，从而确定收集的证据是被用于劳动仲裁还是民事诉讼，抑或刑事诉讼。在劳动仲裁或民事诉讼情况下，公司需要对被调查事项自行取证。如果被调查的员工涉及刑事犯罪，则应尽量缩小取证工作范围，在收集到足以提请立案的证据后尽快移交司法机关立案侦查。无论任何情况，开展内部调查过程中都应当注意保护个人信息和国家秘密，特别是在涉及数据跨境传输时。

1. 涉及劳动仲裁或民事诉讼的内部调查

民事诉讼采取“谁主张，谁举证”的举证责任原则，尤其是劳动纠纷中更加强调公司的举证义务。对此，公司在内部调查中需要注意证据的客观、完整、关联性，并根据不同类型证据的特点开展取证工作。民事诉讼中的证据种类包括当事人陈述、书证、物证、视听资料、电子数据、证人证言、鉴定意见和勘验笔录八类。在公司内部调查时，经常出现的证据主要包括邮件、电子文件（包括文档、照片）、访谈录音及笔录、财务相关文件（预算、订单、收据、发票）等。民事诉讼程序中，法律禁止将以侵害他人合法权益或者违反法律禁止性规定的方法取得的证据作为认定案件事实的依据。

实践中，有些公司会对员工在办公环境下使用电脑的情况进行监控，必要时可能以此种方式获取电子证据。根据目前已公开的案例，中国法院判断监控电脑获取证据的效力时，会着重考虑员工所使用的电脑是否为公司所有以及公司是否对电脑进行统一设置。对于公司配发的工作电脑，法院倾向于认为公司对其享有所有权及管理权，允许公司对工作电脑进行必要的监控，包括电脑中存储的非工作相关文件，且可以将监控或从工作电脑中拷贝的文件作为证据使用。① 当然，笔者同时注意到相反案例的存在，为此类问题增加了不确定性。② 从实操角度上来讲，建议在公司的员工手册、IT 管理制度等方面做好预案，如说明办公电脑为公司财产，员工同意配合内部调查，公司可以监控及审阅电脑上的文件，员工不应将与工作无关的信息储存在电脑上等。

2. 涉及刑事犯罪的内部调查

如果公司调查事项可能涉及刑事犯罪，则需要谨慎取证。在刑事案件中，由司法机关按照刑事司法程序调取的证据才具有完整的法律效力。公司收集的证据需要达到有证据证明“有犯罪事实发生，需要追究刑事责任”的提请立案标准。当然，自行收集的证据可以为司法机关提供线索，有助于立案，但应当特别注意内部调查时不要污染证据，导致证据失去刑事证明效力。关于办理刑事案件收集提取和审查判断电子数据的相关规定值得关注。相关规定对于可

---

① 参见冯某诉四川中达凌志汽车有限公司劳动争议纠纷案，成都高新技术产业开发区人民法院(2013)高新民初字第 3673 号民事判决书。

② 参见王安宁：《公司“监视”电子邮箱解雇员工，法院判公司败诉》，载中国新闻网，https://www.chinanews.com.cn/fz/2013/07-17/5052038.shtml。

采纳的电子数据的形式和状态提出更为明确和严格的规定,自行监控收集电子证据时,如果方法不当,可能破坏证据的原始状态并导致其在刑事司法程序中无法作为证据使用。收集足够证据提高立案成功率与尽量避免破坏证据的原始状态之间存在矛盾,必要时建议公司向具备丰富刑事办案经验的合规调查律师咨询意见。

3. 内部调查中个人信息、国家秘密的保护

除了上述针对刑事、民事领域进行调查取证应当注意的特别问题外,公司内部调查取证还应当注意保护商业秘密、个人隐私与国家秘密。例如,参与调查的第三方主体,如律师、会计师和电子取证专家,如果在调查中获得或知悉公司秘密,应当严格遵守职业道德规范,保护公司的商业秘密,避免公司商业秘密泄露;公司内部调查如需收集公司员工相关信息时,应尽量获得被收集员工的同意;内部调查中涉及国家秘密,或者不确定某类信息是否属于国家秘密时,应先在中国境内审阅文件,在确定不涉及国家秘密之后,可以视情况将相关文件转移到境外。

四、协助企业配合政府检查

政府执法持续增强是法治完善的必然趋势。这就意味着企业越来越需要懂得如何在愈加频繁的政府执法、司法行动中,适应并配合政府调查和检查,避免阻碍执法的严重后果,正确主张企业合法权利,最大限度降低政府调查,尤其是政府检查给企业经营带来的负面影响。对此,建立配合政府检查的公司政策和流程、形成协调机制和培养适应能力,是企业亟待完成的要务。

(一)什么是政府检查

政府检查,是政府部门为调查刑事或行政违法行为,对目标企业的场所、财

产、员工、文件资料等进行的未事先通知企业的检查。该等检查常常未经事先通知,基于其性质,往往是预料之外的突然袭击。常见的可能引起政府检查的原因,包括调查具体违法行为、例行检查、专项调查、媒体报道或社交媒体发帖以及实名或匿名举报等。

政府实施检查的目的,在于通过未经通知的检查或搜查,收集与潜在违法行为相关的文件、信息和证据,实现调查取证的最佳效果。检查中,政府官员要求立即进入目标企业的场地、接触其设施和财物、获取文件资料或询问企业的员工以实施搜查、检查、询问、查封和扣押等行动。政府部门常规性的、不涉及立即搜查目标企业的场所、财产、资料和人员以实施检查、查封和扣押等措施的执法活动,则不属于政府检查的范畴。例如,向目标企业送达司法文书、行政通知或其他文件,或仅仅要求企业提供信息等执法活动。

(二)政府检查的主要程序和执法权限

典型的政府检查程序包括开始阶段、检查阶段、检查结束前和检查结束后四个阶段。

开始阶段,是指执法人员到达后,宣布进行现场检查,出示证件、执法文件等。一般而言,执法过程都要求至少两名执法人员参与。在规模较大的调查活动中,也可能涉及人数较多的执法人员进行现场检查。执法人员到达后,一般愿意等待一段合理的时间,以便公司适当的代表到达现场协助检查。实践中,公司也可以争取请求待公司律师到场后,再开始检查活动。但需要注意的是,我国法律并未规定执法人员需要等待公司律师到场。因此,企业不应当因律师未到场而阻碍检查。

检查阶段的主要执法活动是检查场所、物品、资料(包括电子数据),审阅、复印、拷贝文件和资料,执法人员也可能要求员工接受一对一询问。需要提示的是,通常情况下,在征得执法人员的同意后,可以由公司法务人员或律师陪同参与询问过程,但我国法律也并未规定被询问人员有要求律师陪同在场的权利,因此不能以此为由拒绝与执法人员对话。检查过程中,执法人员有权在被检查场所四处走动,不受妨碍。同时,执法人员也有权进入电子数据系统审阅或拷贝数据。在一些情况下,执法人员可能会对涉嫌违法的物品,或者重要的证据资料等采取查封、扣押或者先行登记等措施。

检查结束前,执法人员会告知是否还有后续现场检查,双方审核、确认执法人员复制、带走的文件清单,双方确认询问笔录、搜查/现场检查笔录以及查封、扣押情况。

现场检查结束后,执法人员可能会通知公司继续提供必要的文件和资料,或者要求公司代表前往汇报情况,或者要求特定的公司人员接受询问。在调查潜在违法、违规事件的过程中,执法机关也可能再次前往公司场所,进行进一步的现场检查。

现场检查过程中,执法或司法人员的权限,均由刑事、行政法律和法规予以明确的规定。以商业贿赂行政执法调查为例,执法人员的权限主要包括:进入相关场所,但不得使用强力或暴力;对相关场所各处进行检查;要求出示、查阅、复制与调查事项相关的文件,包括合同、票据、财务记录、收据、往来函件等;检查与调查事项相关的产品、设备、设施、办公室等;要求查阅、复制电子数据,视听资料;询问相关人员,形成询问笔录;查封、扣押、没收、先行登记保存相关证据或违法物品。在反商业贿赂的行政执法程序中,执法人员并没有权利搜查人身或私人住所,如需要检查的,应当报请公安机关执行,工商机关进行配合。①

① 参见《企业如何面对行政部门的突击检查》,载应届毕业生网 2020 年 8 月 7 日,https://www.yjbys.com/edu/weijiguanli/123876.html。

（三）如何配合政府检查

为了形成完善的政府检查配合体系，企业应当首先明确并贯彻正确的基本应对原则。在该等原则的基础上，建立全面而实用的公司政策，架构适应执法实践的反应流程，配备合理的人员，并加强员工培训，从而形成整体的协调配合体系。

1. 基本原则

发生政府检查时，企业的每一位员工，都应当始终坚持如下的基本行事原则：第一，请求执法人员出示有效的执法证件或执法文件，在执法人员出示有效执法证件或文件的情况下，采取合作态度，不得实施任何可能阻碍执法的行为；第二，从执法人员处获得必要的信息，如执法机构、执法要求、检查范围等；第三，努力与执法人员建立诚实、有效的互动。

尤其需要强调的是，与执法人员建立信任的协助关系，而非对抗的抵制关系，对于适当配合政府检查至关重要。公司在执法机关处形成主动配合检查的良好印象，更可能获得与执法人员合理讨论的机会，明确检查范围，缩短检查时间，甚至减小整个检查规模，使检查活动变得更简单和高效，最大限度减少对正常业务活动的影响，避免损失，必要时争取宽大处理的机会。

2. 建立完善的政府检查配合政策及方案

实践中，建立并运行完善的政府调查、检查配合政策和应对方案，可以有效指导企业正确配合政府检查，避免因配合不当导致的负面后果。一般来说，政府检查配合政策及方案应具备完整正确、简单易行的特点，并做到了解执法实践、契合公司实际、实操指引简明和流程安排清晰。

具体而言，完善的政府检查配合政策及方案应当具备如下特点：第一，效力保证。该等政策必须是公司高度重视并着力推行的一份政策，在政府调查、检查发生时立即启动,严格执行。第二,文本简明。撰写清晰明确、简明易懂、执行性极强的指引条款。第三,体系科学。政策之下建立契合公司实际、高效可行的组织体系,安排简单、清楚、确定的汇报线。第四,人员配置合理。安排最适当的人员配置,例如,设立全国协调员,现场协调员和执法人员随同人员;针对每一部门人员(如法务、财务、IT、前台和安保、行政和秘书等)给予专门的职责规定和行动指引,使其在政府检查中各司其职,有条不紊。第五,流程清晰。契合政府执法程序,对每一环节给予操作指引和注意事项。

3. 建立合理的配合体系

如果不设定合理的配合体系,或者负责人员职责不清晰,导致汇报线不清楚,就会造成多头汇报、混乱管理的局面,很容易导致员工无所适从,不清楚如何应对执法人员,结果出现胡乱应对,甚至出现对抗、抵制、提供虚假陈述、销毁或藏匿文件等严重违法的做法。

企业应根据自己的实际情况,设立最为合理的配合体系。比如,根据企业的场所分布、分(子)公司数量、业务类型和特点、员工构成等情况,来设定最贴切的政府检查配合体系。各个企业的情况不一,但根据实践经验,一些通用的体系结构具有很好的参考价值,如设定全国协调员、现场协调员,明确政府检查期间的最高管理团队和简单清晰的汇报关系等。

4. 根据执法流程设定合理职责

实践中常常存在一些误解,认为配合政府检查是法务人员的工作,与他人无关。实际并非如此,在政府检查中,公司的每位员工都是当事人。而且,不同的部门还需要承担相应的职责,比如,IT 部门可能需要协助提供信息系统的进入途径,提供相关电子数据;人力资源部门需要安排员工访谈等工作;后勤行政部门需要安排复印支持、会议室和检查场所的进出安全等事宜。所以,根据现场检查执法流程,设定各个部门的职责细节,加以充分的指引,才能做到各司其职而不乱。

这里需要特别提及，总体负责协调政府检查的公司人员，应当承担起非常全面的协调责任。如上文所述，从执法人员到达现场开始，总协调人员应当懂得如何核实官员身份，通知各部门人员组建配合小组，及时联络外部律师获得法律支持，尽可能了解执法信息，陪同检查、询问并安排提供文件和信息，做好检查记录，保留所提供文件的复印件，保留执法人员的联系方式，并保持后续跟进等。在一些特殊情况下，还应当懂得如何向执法人员提出异议，尽量保护公司保密信息，或者协商某一文件是否属于调查范围等。因此，这些复杂而专业的任务，最好是由有经验的法务人员承担，或者，企业也可以考虑及时召唤外部律师以获得专业支持。

另一组重要人员是陪同人员。陪同人员是指在执法过程中陪同执法人员的人员，其主要职责是进行陪同记录，随时为执法人员提供支持，作为执法人员与公司总协调人之间的联络人等。陪同人员的培训和配置是非常重要的。实践中，因为没有配置合适的陪同人员，常常出现执法人员需要协助时找不到任何公司人员，企业不知道执法人员查阅了哪些文件等比较被动的情形。

5. 加强员工培训

实践中，很多企业对政府执法的应对事宜疏于重视，没有建立上述的政策和流程，对员工也没有任何培训。发生政府检查时，甚至出现过与执法人员发生严重冲突的情况，也出现过遣散员工、锁闭办公室、拒绝提供文件等做法。这些情况都可能导致更加严厉的执法措施，甚至构成阻碍执法的违法犯罪行为。

公司的每位员工，都应当具备对政府执法的基本知识，明白配合执法的基本原则，并了解公司的检查配合政策。对于员工的事先培训，一方面，是普适性的培训，无论职位高低，无论是业务还是支持团队，都需要参加，主要是介绍检查的背景、构成、形式、职责、流程、配合方案以及检查后的总结与反馈。另一方面，是针对性的培训，按照职能分类，针对不同职能员工可能遇到的情形，分别进行细节培训，使这些员工熟知在检查中其所在岗位对应的应尽事项及禁止性事项。

五、合规咨询

企业在日常运营中，在对于业务运营、各类商业模式及高管聘用等是否存在合规风险而无法自主判断时，亦需要律师提供相应的合规咨询法律服务。律师通常会在全面听取客户就咨询事项的情况介绍，要求客户提供相应材料并进行审查后，根据了解掌握的情况，对咨询事项可能涉及的法律法规、监管规定、公司内部制度、司法案例进行全面检索，对咨询事项涉及的法律风险进行总体评估，并出具相应的合规意见。

第二节　律师合规业务的前景

近年来,企业合规不仅是法学界的热门话题,而且已经成为一个新兴的社会热点,受到社会各界广泛关注。企业不仅在海外受到腐败贿赂、出口管制与制裁等方面严格的合规监管,国内合规监管也日渐趋严,反垄断、数据保护等多领域执法力度不断加大。

随着合规时代的来临,企业逐渐开始改变以往重效益轻合规、内控要求为业务发展让路的思维,加大在企业合规领域的资源投入,律师合规业务领域呈现百花齐放的发展态势,由传统反腐败合规领域,逐步拓展到数据合规、出口管制与制裁、反垄断、环境保护等新兴领域。事实上,笔者认为,凡是政府执法的高发领域都会产生行业内企业对法律合规的需求,因而也会带动相关领域律师合规业务的发展。当前各国政府的执法高发领域包括:反腐败或反商业贿赂、数据合规、反垄断、出口管制与经济制裁等。另外需要注意的是,政府执法的高发领域也会随着新商业模式的兴起,技术的发展和进步,政治及外交环境的变化以及相关法律法规的发展而动态变化。例如,10 年前数据合规并不是政府执法的重点领域,但在近些年来逐渐成为政府执法的热点之一。因此,律师的合规业务发展方向是一个动态变化的过程。本章将结合当前政府执法高发领域的立法及执法动态,为读者判断相关合规业务领域的前景提供参考。

一、反腐败合规业务

腐败贿赂,一直以来都是全球商品经济高速发展所带来的负面产物,其与经济活动相伴相生,因而反腐败合规也是全球律师合规业务的传统领域。随着我国及国际社会在反腐败领域监管不断完善及监管部门执法趋严,企业在国内发展及"走出去"的过程中,对反腐败合规的业务需求日益丰富,并呈现在反腐败合规尽职调查、反腐败合规审计、内部调查、反腐败合规体系建设、应对政府执法、担任腐败贿赂刑事案件合规不起诉第三方监管人、反腐败合规咨询及反腐败合规培训等多领域发展的趋势与前景。

1. 反腐败监管日趋完善。在行政法层面,我国《反不正当竞争法》颁布后,为适应市场竞争程度和竞争状况发生的巨大变化,于 2017 年和 2019 年进行了两次修订,上海、河北、四川等地亦出台了地方反不正当竞争条例,对包括商业贿赂在内的不正当竞争行为进行规制,以保障市场机制能够良好运行。在刑事方面,最高人民检察院与最高人民法院通过司法解释于 2022 年 5 月下调非国家工作人员职务犯罪的立案追诉标准,采用与受贿罪等国家工作人员职务犯罪相同的入罪标准,对私营企业强化反腐败合规提出更高要求。在反腐败合规体系建设方面,2022 年 10 月实施的《中央企业合规管理办法》明确提出央企要在反商业贿赂等重点领域制订合规管理具体制度或者专项指南,对央企反腐败合规提出更高要求的同时,也对地方国企、民营企业开展合规体系建设具有重要的参考和借鉴意义。

在国际方面,各国也不断加强对海外腐败问题的监管力度,政策频出。以美国为例,2021 年 6 月 3 日,美国白宫发布了《关于将反腐败确立为国家安全核心利益的备忘录》[①]。该备忘录将反腐败和美国国家安全绑定，明确将反腐认定为美国国家安全的核心利益。2021 年 10 月 28 日，美国司法部副总检察长丽莎・O. 莫纳科（Lisa O. Monaco）于 2021 年美国律师协会第 36 届白领犯罪研讨会上发表演讲，宣布美国司法部将对白领犯罪采取更严厉的措施。[②] 2021 年 12 月 9 日，美国国务卿布林肯宣布将在美国国务院设立新的专门职位"全球反腐败问题协调员"（Coordinator on Global Anti-Corruption），协调员将与跨机构和国际伙伴密切合作，整合并提升美国在外交和对外援助所有方面的反腐败斗争，继续致力于在美国境内和海外遏制和打击腐败活动。[③]

2. 反腐败执法日趋严格。通过对近 5 年公开可查的商业贿赂行政执法案例进行统计[④]可以发现，商业贿赂行政执法案件自 2017 年新修订《反不正当竞争法》正式施行，以及执法机构改革及执法机关对该法短暂地适应后，执法案件数量于 2021 年呈现强势反弹趋势（见图 1）。同时，商业贿赂行政执法的行业分布，尽管仍然呈现集中化态势，但是除了长期以来一直作为商业贿赂行政执法和专项整治重点对象的医药行业，电信行业也在 2021 年成为新的重点监

① See *Memorandum on Establishing the Fight Against Corruption as a Core United States National Security Interest*, The White House (Jun. 03, 2021) https://www.whitehouse.gov/briefing-room/presidential-actions/2021/06/03/memorandum-on-establishing-the-fight-against-corruption-as-a-core-united-states-national-security-interest/.

② See Lisa O. Monaco, *Deputy Attorney General Lisa O. Monaco Gives Keynote Address at ABA's 36th National Institute on White Collar Crime*, U. S. Department of Justice (Oct. 28, 2021), https://www.justice.gov/opa/speech/deputy-attorney-general-lisa-o-monaco-gives-keynote-address-abas-36th-national-institute.

③ See Antony J. Blinken, *Elevating Anti-Corruption Leadership and Promoting Accountability for Corrupt Actors*, U. S. Department of State (Dec. 09, 2021), https://www.state.gov/elevating-anti-corruption-leadership-and-promoting-accountability-for-corrupt-actors/.

④ 参见威科先行・法律信息库和上海市场监督管理局官方网站公布的商业贿赂案件行政处罚决定书。

管与执法领域(见图2)。① 可以预见未来执法可能呈现多行业宽领域覆盖的趋势,执法机关严厉打击市场经济中各行业存在的商业贿赂行为。在刑事方面,近年来中央纪委国家监委始终坚持并强调"坚持无禁区、全覆盖、零容忍,坚持重遏制、强高压、长震慑,坚持受贿行贿一起查"的原则,并于2021年9月联合其他有关单位印发了《关于进一步推进受贿行贿一起查的意见》,对行贿受贿行为予以同等打击或将逐渐成为一种执法常态,执法不断趋严。

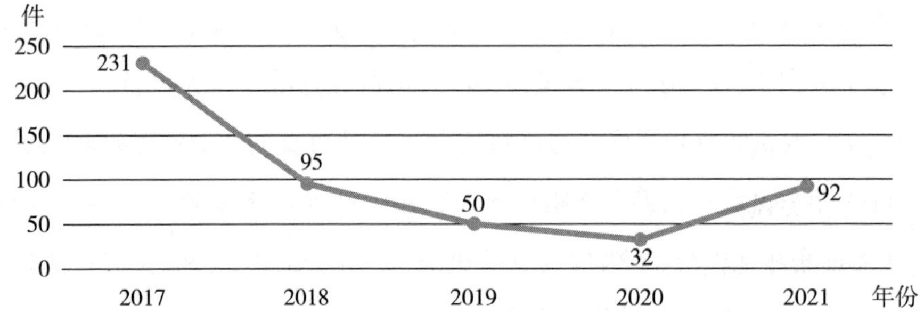

图1 商业贿赂行政执法案件数量统计

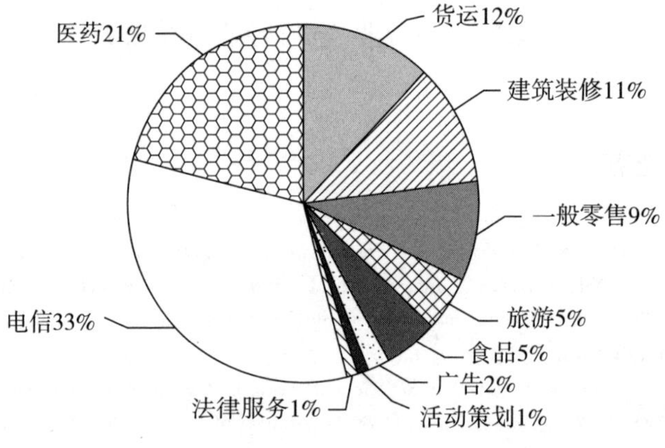

图2 2021商业贿赂行政执法行业分布

① 涉案主体主要为宽带接入服务企业,行贿目的主要集中于获得排他性的宽带安装业务机会,且本年度中所有电信行业执法案例均发生在上海,这与2021年2月23日上海市市场监督管理局发布的《上海市市场监督管理局关于开展商务楼宇宽带接入市场专项检查的通知》有着密切的联系。

基于上述反腐败领域立法及执法动态，企业为规避重大反腐败合规风险，满足政策对反腐败合规体系的要求，为业务发展保驾护航，需要律师提供下述服务：(1)搭建并完善企业反腐败合规体系，系统化应对企业国内外腐败贿赂风险；(2)在投资并购前能够提供反腐败合规尽职调查服务，识别并缓释投资并购环节的腐败贿赂风险；(3)在第三方监管环节中能够提供反腐败合规审计服务，规避与外部第三方合作环节的腐败贿赂风险；(4)对潜在员工舞弊行为进行内部调查，以点带面，查明员工腐败贿赂问题的同时完善系统性漏洞；(5)为应对政府执法制定应急预案并提供预演合规培训，规避潜在腐败贿赂问题的执法应对风险；(6)为企业日常经营管理活动提供反腐败合规咨询服务，事前预防相关风险，如对企业新的产品推广模式分析其潜在腐败贿赂风险；(7)为企业提供面向管理层、重点岗位、全体员工的反腐败合规培训等服务，提升反腐败合规意识等。

二、数据合规业务

近年来，随着大数据、云计算、移动互联网的不断发展，特别是大数据与5G、人工智能、区块链等新一代信息技术的融合发展日益紧密，数据种类日益增多，数据规模急剧增长，数据合规越来越受到社会各界的普遍关注和立法部门的普遍重视，数据合规成为企业新兴合规重点，律师提供的数据合规业务类型也在不断丰富。

在政策方面，如果说2017年《中华人民共和国网络安全法》的正式实施开启了“中国数据合规元年”，那么2021年无疑是中国数据合规及隐私保护领域历史上的又一座里程碑——中国正式迎来个人信息保护以及数据安全领域的两部专门立法，即《中华人民共和国个人信息保护法》与《中华人民共和国数据安全法》。这三部法律共同构建了中国数据合规及隐私保护的基础法律框架（见图3），对网络安全、数据安全和个人信息保护提出了方向性和基础性的指引及监管要求。随着两部新上位法的出台和正式实施，多部具有落地性指导意义的法规及国家标准，正在积极向公众征求意见并有望短期内发布。

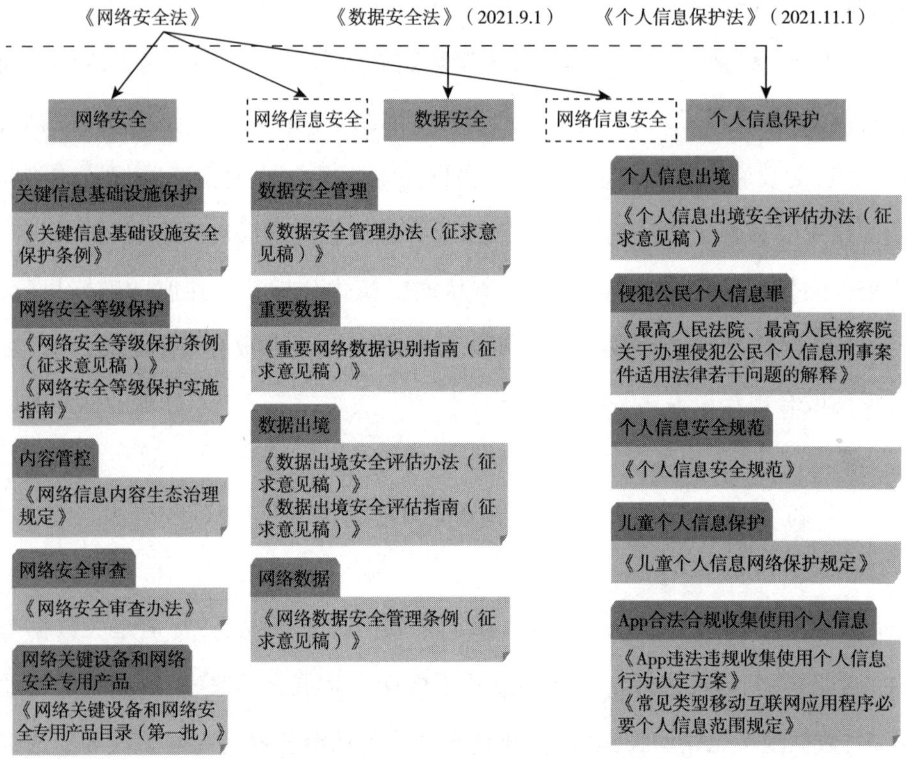

图3 数据法规汇总

从国际方面来讲，在数据日益重要的今天，企业在不断开拓数字化业务挖掘数据商业价值的同时，也面临着越来越严格的数据保护法律和监管要求。很多国家受《欧盟通用数据保护条例》（General Data Protection Regulation，GDPR）的影响也纷纷制定或者修改了其数据保护法律，现今全球已经有超过

130 个国家和地区[①]制定了个人信息保护法及相应标准。

在执法方面,2021 年数据合规领域的大事之一,无疑是中央纪委和其他六部委对多家赴美上市的互联网公司展开网络安全审查,多家在美股交表的中国企业调整上市策略。除此之外,执法机关在数据保护与国家安全、个人信息保护、公益诉讼等方面亦开展了密集的执法活动。例如,2021 年中国国家安全部公布了 3 起危害重要数据安全的案例;[②]工信部与网信办对 App 的执法进一步拓展到小程序,继续严厉打击侵犯公民个人信息的行为和未经允许的爬虫行为等。

放眼全球,各国监管机构的数据及隐私保护执法活动更加频繁,罚金数额亦屡攀新高。以 GDPR 为例,截至 2021 年 5 月底,该条例生效届满 3 年时,只有一家大型科技公司因数据不合规行为被处以罚款,即谷歌于 2019 年 1 月因公司广告个性化技术相关的违规行为被罚款 5700 万美元。[③] 然而,在 2021 年的下半年,两家大型科技公司因数据不合规行为被处以创纪录的罚款。2021 年 7 月,亚马逊因未获得用户对其使用个人数据的适当同意而被处以 8.87 亿美元罚款,[④]是迄今为止金额最高的 GDPR 罚款,同时超过了之前所有 GDPR 罚款的总和。当月,中国企业迎来了 GDPR 的首张罚单,字节跳动旗下短视频

---

① See Graham Greenleaf, *Global Data Privacy Laws* 2019: 132 *National Laws & Many Bills*, SSRN (May 29,2019), https://papers. ssrn. com/sol3/papers. cfm? abstract_id = 3381593.

② 参见刘奕湛、刘硕:《国家安全部公布三起危害重要数据安全案例》,载新华网,http://www. news. cn/2021 - 10/31/c_1128014674. htm。

③ See Mathieu Rosemain, *France fines Google $57 million for European privacy rule breach*, Yahoo (Jan. 22,2019), https://finance. yahoo. com/news/france-fines-google - 57 - million-european-privacy-rule - 183115231 - - finance. html.

④ See Brian Fung, *Amazon hit by record $887 million EU privacy fine*, CNN Business (Jul. 30, 2021), https://edition. cnn. com/2021/07/30/tech/amazon-eu-privacy-fine/index. html.

社交平台 TikTok 因侵犯儿童隐私被荷兰数据监管部门处以 75 万欧元罚款。[①] 2021 年 9 月,即时通讯服务商 WhatsApp 因未充分获得用户同意且未满足数据透明度要求而被爱尔兰数据监管机构罚款 2.66 亿美元。[②]

基于上述数据领域频繁的立法动态及日趋严厉的执法行动,企业为规避重大数据合规风险,需要律师提供下述服务:(1)梳理企业数据,评估企业在数据收集、存储、使用、汇聚融合、委托处理、共享、公开披露、商业化利用、数据资产挖掘、数字化转型等全生命周期的数据合规风险,搭建并完善企业数据合规体系;(2)在投资并购前能够提供数据合规尽职调查服务,识别并缓释投资并购环节的数据合规风险;(3)协助企业在首次公开募股(Initial Public Offering, IPO)环节搭建符合监管要求的数据合规管理体系,并对监管机构问询进行回复;(4)协助企业加强第三方管控服务,规避因合作第三方数据泄露引发的执法风险;(5)协助受 GDPR 等域外法管辖的企业进行 GDPR 等域外法本地化,将监管要求融入企业合规政策及业务程序;(6)为应对网络安全事件制定应急响应制度并提供合规培训,规避潜在的执法应对风险;(7)为企业的网站、app、小程序等产品提供数据合规咨询服务,事前预防潜在风险;(8)为企业提供面向管理层、重点岗位、全体员工的数据合规培训等服务,提升数据合规意识等(见图 4)。同时,该服务范围还在根据最新立法文件的颁布与实施不断拓展。

---

① See *Dutch DPA: TikTok Fined for Violating Children's Privacy*, European Data Protection Board (Jul. 22, 2021), https://edpb.europa.eu/news/national-news/2021/dutch-dpa-tiktok-fined-violating-childrens-privacy_en.

② See Ireland Data Protection Commission, Decision of the Data Protection Commission Made Pursuant to Section 111 of the Data Protection Act, 2018 and Articles 60 and 65 of the General Data Protection Regulation, https://edpb.europa.eu/system/files/2021-09/dpc_final_decision_redacted_for_issue_to_edpb_01-09-21_en.pdf.

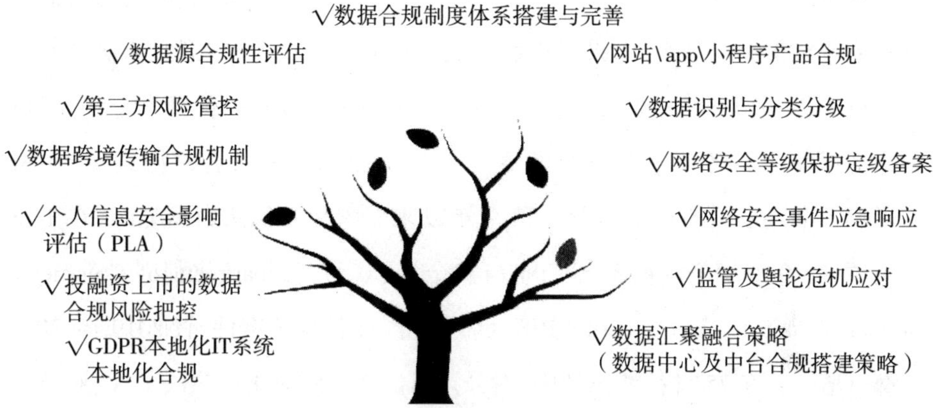

图4　数据合规制度体系搭建与完善

三、出口管制与制裁合规业务

近年来，中国企业开拓国际市场面临的海外合规风险不断增加，为避免承担违反其他国家出口管制与制裁相关法律的不利后果，中国企业开始重视合规管理并积极评估相关法律风险，出口管制与制裁合规业务应运而生。

在政策方面，为应对美国频频实施“长臂管辖”，将其国内法的管辖权延伸至其他国家主体，并对不遵守其国内法的他国主体实施制裁，我国商务部于2021年1月9日发布2021年第1号令，公布《阻断外国法律与措施不当域外适用办法》（以下简称《阻断办法》）。《阻断办法》确立了信息报告、发布禁令、司法救济等阻断机制，其出台标志着中国开始从法律层面反制外国法的不当“长臂管辖”，也为受外国法律和制裁措施影响的中国企业提供了救济渠道。2021年6月10日，《中华人民共和国反外国制裁法》经全国人大常委会通过并正式颁布实施，体现了我国反对霸权主义和强权政治，反制外国对我国进行遏制、打压，对我国公民、组织采取歧视性限制措施的行为进行反制的坚定决心。

在执法方面,中国企业在一些国家受到出口管制与制裁,其经营和发展均受到了严重影响。例如,中兴通讯股份有限公司(以下简称中兴)两次和解先后支付 11.9 亿美元[①]和 10 亿美元[②],并另拨付 4 亿美元[③]的代管资金,除了巨额经济损失外,董事会和管理层的更换和入驻 10 年的特殊合规协调员[④]也极大影响了中兴公司的正常运营。2019 年以来美国相关执法数据显示,在出口管制领域,2021 年美国商务部工业与安全局(U. S. Department of Commerce Bureau of Industry and Security,BIS)已公布了 75 件执法案件,较 2019 年、2020 年都有增长。在 75 件执法案件中,对公司执法 21 件、对学校执法 1 件、对自然人执法 53 件。[⑤] 在经济制裁领域,拜登政府延续了特朗普政府时期的政策,继续实施对外经济制裁,金融服务商和支付平台是美国财政部下的外国资产控制办公室(Office of Foreign Assets Control)在 2021 年的执法重点关注对象,18 件案件中,有 7 件牵涉银行金融机构或支付平台。[⑥] 以上情形提示,中国高科技企业应警惕并事前预防出口管制与制裁领域的合规风险。

在复杂的国际环境下,基于上述为应对出口管制与制裁我国频繁的立法动

① See Combined Penalty of $1. 19 Billion with Department of Commerce and Department of Treasury Actions Shows All of Government Approach to Sanctions Enforcement, U. S. Department of Justice(Mar. 07, 2017), https://www. justice. gov/opa/pr/zte-corporation-agrees-plead-guilty-and-pay-over – 4304 – million-violating-us-sanctions-sending.

② See BIS, *Signed Final Order removing ZTE from DPL* (003) *Popular*, https://www. bis. doc. gov/index. php/documents/pdfs/2245 – signed-final-order-removing-zte-from-dpl – 003/file.

③ See BIS, *Signed Final Order removing ZTE from DPL* (003) *Popular*, https://www. bis. doc. gov/index. php/documents/pdfs/2245 – signed-final-order-removing-zte-from-dpl – 003/file.

④ See Berkeley Lovelace Jr. & Anita Balakrishnan, *US Hits China's ZTE with $1 Billion Penalty in Deal to End Crippling Sanctions*, Commerce Secretary Ross Says (Jun. 07, 2018), https://www. cnbc. com/2018/06/07/commerce-secretary-wilbur-ross-the-us-strikes-a-deal-with-zte. html.

⑤ See *Export Violation*, https://efoia. bis. doc. gov/index. php/electronic-foia/index-of-documents/7 – electronic-foia/227 – export-violations.

⑥ See *Civil Penalties and Enforcement Information*, U. S. Department of the Treasury (Feb. 14, 2022), https://home. treasury. gov/policy-issues/financial-sanctions/civil-penalties-and-enforcement-information.

态,以及一些国家对外国企业的出口管制与制裁行为,企业为规避重大出口管制与制裁合规风险,需要律师提供下述服务:(1)协助企业构建出口管制与制裁领域的合规机制,从"事前—事中—事后"的角度系统化应对出口管制与制裁领域合规风险;(2)对企业产品在外国出口管制法下所受限制和潜在风险进行法律分析,协助企业了解并应对潜在法律风险;(3)应对外国政府执法,如帮助企业从"未经核实名单"(Unverified List,UVL)和"实体清单"(Entity List)等出口管制黑名单中移除;(4)就我国出口管制法律提供法律意见,并协助企业应对我国政府的刑事和行政执法;(5)在投资并购前能够提供出口管制与制裁合规尽职调查服务,规避投资并购环节的相应合规风险;(6)为企业提供面向管理层、重点岗位、全体员工的出口管制与制裁合规培训等服务,提升出口管制与制裁合规意识等。

四、刑事合规不起诉业务

企业合规不起诉制度,是指检察机关对于办理的涉企刑事案件,在依法作出不批准逮捕、不起诉决定或者根据认罪认罚从宽制度提出轻缓量刑建议等的同时,针对涉嫌具体犯罪的企业,结合办案实际,督促涉案企业作出合规承诺并积极整改落实,促进企业合规守法经营,减少和预防企业犯罪,实现司法办案政治效果、法律效果、社会效果的有机统一。在此过程中,检察机关判断及评价涉案企业整改落实后所建立或完善的合规管理体系是否符合"合规"标准、是否足以有效防范相关合规风险,是实践企业合规不起诉制度的核心方面。

2020 年 3 月,最高人民检察院开展企业合规改革试点工作,标志着我国"合规从宽"进入体系化、制度化发展阶段。2021 年 6 月 3 日,最高人民检察院联合司法部、财政部、生态环境部、国资委、国家税务总局、国家市场监管总局、全国工商联、中国贸促会印发了《关于建立涉案企业合规第三方监督评估机制的指导意见(试行)》(以下简称《第三方机制指导意见》),正式确立了刑事合规不起诉制度项下的第三方监管机制。第三方监管机制的创设标志着律师的角色从“涉案企业(客户)—律师”二元范式向“涉案企业—律师—检察院”三元范式转型(见图5)。2022年1月,为认真落实《第三方机制指导意见》,上述部门出台了《〈关于建立涉案企业合规第三方监督评估机制的指导意见(试行)〉实施细则》和《涉案企业合规第三方监督评估机制专业人员选任管理办法(试行)》,细化第三方监督评估机制的落实与执行。2022年4月企业合规改革试点全面推开,为进一步落实《第三方机制指导意见》及其实施细则,上述部门发布了《涉案企业合规建设、评估和审查办法(试行)》。

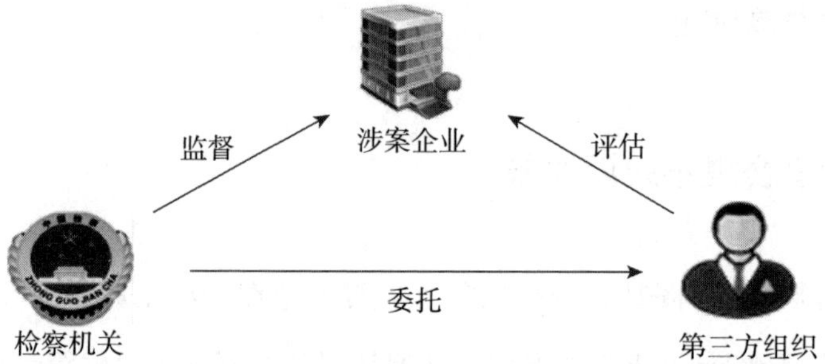

图5　涉案企业合规改革第三方机制主体关系

截至2022年12月,全国检察机关共办理涉企业合规案件5150件,其中适用第三方机制案件3577件,占69.5%,企业合规适用主体更加多元,案件类型不断丰富。对整改合规的1498家企业、3051人依法作出不起诉决定,引导一批企业重获“新生”,走上合规经营之路。①

---

① 参见《最高检案管办负责人就2022年全国检察机关主要办案数据答记者问》,载最高人民检察院官网2023年3月7日,https://www. spp. gov. cn/spp/xwfbh/wsfbt/202303/t20230307_606553. shtml#2。

在此背景下，律师作为第三方组织的重要组成部分，在合规不起诉案件中逐步承担起协助企业制订合规计划，协助检察机关监督合规计划的执行，对企业推进合规计划的情况定期出具书面监管报告等重要职责。律师作为第三方独立监管人的具体业务内容和业务前景逐渐明朗：(1)合规考察开始前，第三方组织应对涉案企业合规计划的可行性、有效性与全面性进行审查，确定合规考察期限；(2)在合规考察期内，第三方组织对涉案企业合规计划履行情况进行检查和评估，同时抄送负责办理案件的人民检察院；(3)合规考察期届满后，应当对涉案企业的合规计划完成情况进行全面检查、评估和考核，并制作合规考察书面报告，报送第三方机制管委会和人民检察院。

五、环保合规业务

近年来，随着环境保护相关的政策及监管要求日益严格，环境风险给企业带来的不仅是企业社会责任层面或声誉的影响，更有可能直接对公司的经营状况带来不利影响。同时，随着环保意识的兴起以及监管力度的加大，企业对环保合规的态度越来越影响投资者对其发展潜能的评价，环保合规也与企业的发展越来越息息相关。

在政策方面，党的十八大以来，国家大力推进生态文明建设，不断修改、完善生态环境领域的法律法规，目前我国已完善并形成了以《中华人民共和国环境保护法》为主体、基本覆盖环境要素监管主要领域的环境保护法律体系。2021 年 11 月 2 日，中共中央、国务院发布了《关于深入打好污染防治攻坚战的意见》。从“十三五”坚决打好污染防治攻坚战，到“十四五”深入打好污染防治攻坚战，从“坚决”到“深入”，意味着污染防治触及的问题层次更深、领域更广、要求也更高。企业在大气污染、水污染、土壤污染防治方面，将面临陆续到来的执法监管。

值得注意的是,最高人民检察院于2021年6月发布的企业合规改革试点典型案例中,第一例即为污染环境案件,为涉环境犯罪企业通过建立合规管理制度减少刑罚负累指明方向。

在执法方面,通过公开数据库,笔者检索并收集了国内2017年至2021年的已公开行政处罚案例(见表2)。[①] 从这些案例中,不难看出我国近5年来环境保护执法较为活跃、频繁。经统计发现,过去5年中,每年的总案例数量整体呈现逐年上升趋势,其中针对大气污染的行政执法最为频繁。

表2 2017~2021年环境污染行政处罚案例数量

单位:件

污染源	处罚依据	案件数量				
		2017年	2018年	2019年	2020年	2021年
大气污染	《中华人民共和国大气污染防治法》	8455	19130	30065	36350	29395
水污染	《中华人民共和国水污染防治法》	6601	8174	7931	5881	4779
固体废物污染	《中华人民共和国固体废物污染环境防治法》	3284	7233	7740	7150	7165
环境噪声污染	《中华人民共和国环境噪声污染防治法》	1428	1593	3455	3891	2617
放射性污染	《中华人民共和国放射性污染防治法》	17	40	47	24	15
土壤污染	《中华人民共和国土壤污染防治法》	—	—	15	50	68

在刑事方面,我国环境保护刑事执法力度不断加大,人民法院审理的环境

① 参见威科先行·法律信息库,最后访问日期:2022年2月7日。

污染刑事案件数量大幅增长，污染环境罪依旧是企业在环境保护领域违规涉案的"重灾区"，在生产经营中较为频发。从图6可以看出，自2013年《最高人民法院、最高人民检察院关于办理环境污染刑事案件适用法律若干问题的解释》发布后，人民法院审理的污染环境刑事案件大幅增加。特别是2016年12月《最高人民法院、最高人民检察院关于办理环境污染刑事案件适用法律若干问题的解释》发布后，人民法院审理的污染环境刑事案件年审结案件量均超过2000件。2019年2月，最高人民法院、最高人民检察院、公安部、司法部、生态环境部联合印发《关于办理环境污染刑事案件有关问题座谈会纪要》后，2019年环境刑事案件年审结案件量超过3000件，体现了司法机关对环境保护工作的高度重视。①

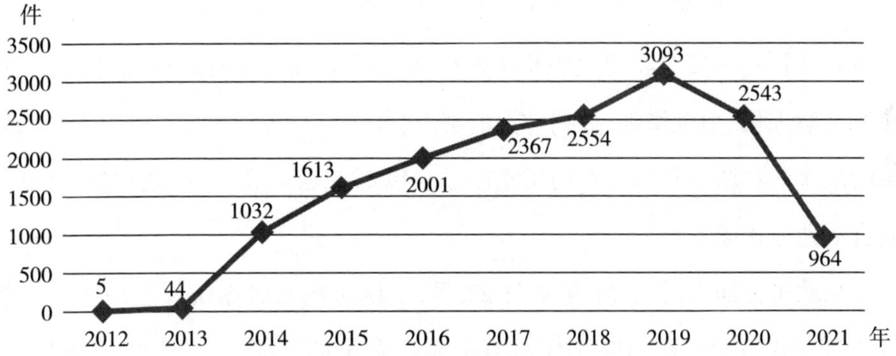

图6　污染环境刑事案件数量变化

基于上述环保合规领域立法及执法动态，企业为规避重大环保合规风险，需要律师提供下述服务：（1）梳理企业适用的国家及地方环保领域法律法规、监管规定及标准等，形成企业环保领域合规义务清单；（2）通过问卷调查、文件审阅、访谈及现场走访等方式了解企业环保合规实践；（3）将企业环保合规实

① 参见威科先行·法律信息库，最后访问日期：2022年2月8日。2021年案例目前尚未完全上网，数据量受到一定影响。

践与企业环保合规义务清单进行对比及差距分析，完善企业环保合规体系，系统化应对企业重大环保合规风险；（4）为应对政府执法制定应急预案并提供预演合规培训，规避潜在环保合规问题的执法应对风险；（5）协助企业处理涉嫌环境污染相关犯罪的刑事调查，并协助其与政府就补救方案进行谈判；（6）为企业日常经营管理活动提供环保合规咨询服务，例如从环保合规角度审阅并完善企业与外部主体签订的合同，事前预防潜在风险；（7）为企业提供面向管理层、重点岗位、全体员工的环保合规培训等服务，提升环保合规意识等。

六、反垄断合规业务

自2020年以来，党和政府在多个场合均明确提出强化反垄断的要求，监管层也在加快完善反垄断的立法及执法资源，国家市场监督管理总局的执法呈现执法节奏加快、力度增强、处罚加大的特点，并进一步集中对重点行业和行为领域的反垄断执法。平台企业的反垄断强监管时代已经到来，在此背景下，反垄断合规业务蓬勃发展。

从政策方面来讲，2021年4月22日，全国市场监管系统反垄断工作会议将2020年定义为“反垄断工作具有标志性意义的一年”。该会议明确提出，2021年是“十四五”开局之年，也将是反垄断工作“大年”。在政策信号不断强化的同时，监管层也在加快完善反垄断的立法及执法资源。2022年6月，《中华人民共和国反垄断法》修正，其核心内容包括大幅提高罚款金额、扩大评判企业控制市场程度的标准等。

在执法方面，2021年4月10日，国家市场监督管理总局公布了对某中国互联网公司的处罚决定，认定其在中国境内网络零售平台服务市场实施的“二选一”行为，构成了滥用市场支配地位的垄断行为，并对其处以人民币约200亿元的罚款;2021 年 4 月 15 日,国家市场监督管理总局发布对某药业集团达成并实施纵向垄断协议案的处罚决定,开出近 8 亿元罚单,创下药企史上最高罚款纪录。2022 年 12 月,某著名学术网络平台也因具有市场支配地位并滥用该支配地位实施垄断行为而被国家市场监督管理总局罚款 8760 万元,并要求其在解除独家合作、减轻用户负担、加强内部合规管理等方面进行全面整改。

反垄断执法浪潮在为各行业内经营者带来警醒的同时,也预示着未来反垄断合规业务的蓬勃发展,具体包括:(1)为企业提供经营者集中申报的最佳解决方案,为企业量身定制创新性的救济措施,在推动交易尽快获得监管机构批准的同时,最大限度地维护企业在中国与全球的商业利益;(2)为企业评估潜在反垄断调查风险,协助客户应对反垄断监管机构的“黎明突袭”,申请宽大处理,帮助客户审查内部文件,应对反垄断监管机构问询等;(3)协助企业应对反垄断诉讼,为企业争取最大利益;(4)提供反垄断合规与咨询,如提供涉及价格、分销、许可与供应协议等各个方面的反垄断合规指引,协助客户进行全方位的反垄断合规自查等,以从容应对未来反垄断监管带来的各种挑战。

第二章

我国企业合规改革中律师的机遇

在世界范围内，以企业合规改革为中心的系列法律制度逐步建立，催生了企业合规这一片律师业务的蓝海。本章将以介绍我国企业合规改革的基本发展为起点，厘清企业合规改革中律师所能扮演的各类角色，具体阐释律师应当如何抓住企业合规改革所带来的新兴业务机遇。

第一节　我国企业合规改革的基本发展

一、国内企业合规改革的必要性

2018 年被誉为我国企业合规制度改革的法律“元年”，此后，企业合规在我国受到政府和企业的持续高度关注，在国内由政府主导的企业合规试点工作正在不断深化之中。正所谓“内因决定外因”，我国持续进行企业合规改革确有合乎其内在逻辑的社会需求，具体如下。

（一）企业治理

企业治理，是企业为实现盈利目标，提升经营效率，优化企业结构性制度的一系列安排。传统企业的治理风险主要源于业务与财务，由此形成了为规避经营风险所建立的“业务治理结构”以及为规避财务风险建立的“财务治理结构”。但随着现代社会中企业合规风险的大幅度上升，企业对治理合规风险、构建“合规治理结构”的需求同样与日俱增。所谓“合规治理结构”，是指企业为避免特定的合规风险，所建立的包括防范、识别、应对机制在内的管理体系或治理体系。因此，合规治理与财务治理、业务治理一同成为企业内部治理的重要因素，成为企业现代化的“三大支柱”。

为打造良好、有效的合规治理结构,企业须结合企业特点以及合规领域内各个风险环节制订行之有效的合规计划,为自身定制“合规章程”,即一套完整的商业行为准则,载明该企业与合规相关的基本原则、员工履行职务的基本要求等,企业全体成员均受此约束;建立“合规组织体系”,在企业内设立独立的合规机构,高效地动态监控本企业合规状况;拟订“合规指南”,针对合规领域内各个风险环节制订精细化的管理规范、边界范围和行为准则等;确立“风险预防、识别和应对机制”,包括完善规章制度、调整组织结构、设定合规审查前置程序、组织合规培训等。通过这一系列企业合规管理体系的构建,可以有效降低企业及其员工违法犯罪的次数与可能性,虽然在短期内牺牲了一定的商业利益,但从企业发展的长期考量,企业合规地经营、合法地竞争赋予了企业可持续发展的资格,为企业的长期存续和逐步增值系上“保险栓”。同时,即便出现员工、分支机构抑或是其他商业伙伴违法犯罪等极端情况,企业也可以因其成熟有效的合规管理体系而切割法律责任,得到来自行政机关和司法机关的豁免。

(二)社会治理

企业不仅是参与经济生活的主体,而且是参与社会生活的主体,需要承担社会责任。而企业承担社会责任必须以合法合规生产、经营为其前提和基础,很难想象一个违法犯罪企业,一个对社会法益尚且造成现实危险性的企业能够对社会治理发挥任何的积极作用。事实上,建立合规管理体系是企业参与社会治理、履行社会责任的重要方式。

首先,企业建立合规管理体系使预防和发现违法犯罪的“重担”由社会层面向企业主体发生转移,令企业在一定程度上分担了社会的责任。企业在发展壮大后,其内部治理结构必然相当复杂,对于执法部门而言,想要及时发现企业的违法犯罪行为一定会消耗掉大量的司法资源、调查成本,难以取得预期打击违法犯罪的效果,但是企业通过合规机制的引入自觉开展针对企业内部的治理,客观上发挥了“执法者”的职能,能够有效预防违法犯罪的发生。

其次,企业可以通过专项合规计划保护特定领域的行业道德,进而实现社会治理。举例而言,企业在知识产权保护领域引入合规计划,可以以身作则地尊重知识产权,避免知识产权侵权事件,为国家的知识产权保护事业增砖添瓦;企业在劳工权益方面确立合规计划,可以最大限度地响应国家号召,保护劳工利益,减少劳资冲突;企业通过建立反商业贿赂的合规机制,自觉平等地参与市场竞争,有助于社会形成公平、廉洁、诚信的社会风气。其他领域引入的合规机制也会发挥类似的社会效果,笔者不再一一枚举。

最后,企业建构有效的合规管理体系,能够代替国家和社会履行对公民的教育职能。好的合规管理体系行之既久,会在企业内形成本企业的日常合规文化,潜移默化地影响员工,令其以遵纪守法为准则。

（三）主动适应国际合规背景

企业合规虽诞生于20世纪中叶,但进入21世纪后,企业合规才日渐得到国际社会的广泛接纳。随着合规机制的导入,尤其是合规激励机制在各国的确立,极大地改变了国际公司治理的格局。特别是2008年,西门子及其3家子公司被调查并承认其违反《反海外腐败法》,多年来西门子通过向各国官员进行商业贿赂的方式开展贸易,其规模超过290个项目,行贿官员次数高达4283笔,合计约14亿美元。案发后,西门子因故被处以罚金达16亿美元。该案例在全球范围内被作为企业合规的一个标志性事件,它鞭策着每一家企业及时建立、完善本企业的合规管理体系。因此,防范企业的合规风险越来越成为企业经营者的共识,成为彰显企业市场竞争力的重要指标。另外,我国企业在发展壮大国内市场的同时,响应国家“一带一路”倡议,积极开辟海外市场,在外国投资、上市等。“走出去”的企业不仅将面对多元的法律系统和复杂的合规要求,还会面临政治、文化和宗教等差异。于是,遵循目的地国和有关国际组织的法律制度和商业惯例,建立并实施有效的合规计划就成为中国企业“走出去”参与国际市场竞争的必然要求。

(四)避免国内企业受他国制裁

当前,我国企业发展的总趋势是由本土企业向跨国企业转变,但企业“走出去”不仅要全面遵守本国法律法规的要求,还要遵守目的地国家法律法规的要求。中国企业应关注企业合规的现状与风险,只有走建立、健全合规管理体系之路,才能在全球竞争中行稳致远。

二、国内企业合规发展情况

目前,我国的企业合规大部分是依靠政府主导进行的。进入21世纪后,企业合规的“星星之火”首先在金融企业内“点燃”。作为我国金融监管机构的原中国银行业监督管理委员会(以下简称银监会)意识到,金融企业在业务创新中存在巨大的法律风险,于是,开始在金融企业中首先推广合规机制。2006年,以巴塞尔银行监管委员会制定的《合规与银行内部合规部门》为范本的《商业银行合规风险管理指引》出台。《商业银行合规风险管理指引》确立了合规管理的基本目标以及基本原则,还拟订了完整的合规风险管理体系所必须的基本要素,并确立了三项保障性制度。随后,《商业银行合规风险管理指引》被中国保险监督管理委员会、中国证券监督管理委员会(以下简称中国证监会)等机构援引和吸收,进而推出了《保险公司合规管理办法》、《证券公司合规管理试行规定》(已失效)等。

随着“一带一路”倡议的深入以及中国越发自主地融入国际社会,企业合规不再仅仅局限于金融企业,而是渐渐地走进特定行业的国有企业。2016 年,国资委指定了中国石油天然气集团有限公司、中国移动通信集团有限公司、招商局集团有限公司、中国东方电气集团有限公司、中国铁路工程集团有限公司 5 家央企作为合规管理试点企业。2017 年,国家质量监督检验检疫总局和国家标准化管理委员会借助国际标准化组织公布的《合规管理体系指南》制定并公布了属于中国自己的《合规管理体系指南》,率先在国内确立起企业在建构合规管理体系方面的标准。虽然该指南并非强制性规定,但对我国所有企业的合规管理均发挥着指引的作用。同年,中国证监会通过发布的《证券公司和证券投资基金管理公司合规管理办法》,向证券企业强制推行合规制度,对证券企业的合规管理提出一定的法律准则。2018 年 12 月,发改委等七部门联合发布《企业境外经营合规管理指引》,2022 年 10 月,国资委在《中央企业合规管理指引(试行)》的基础上发布《中央企业合规管理办法》,这两份纲领性指引为中国企业“走出去”、适应全球大合规背景奠定了基础。

另外,近年来,人民检察院探索参与社会治理新模式,服务于国家保护民营企业及企业家并对之进行合规化改造的大局,率先在各地方基层检察机关中就刑事合规不起诉进行探索,创造性地适用现有的“检察建议”和“附条件不起诉”制度,实现合规不起诉与现行刑事诉讼制度的衔接,构成当前我国合规激励的有益样板。

第二节　企业合规改革中的律师角色

在传统业务领域中，律师基本上担任法律风险事前防范者和事后风险处理者的角色。随着企业合规的兴起，律师队伍基于其本身具有的显著的专业优势和市场实践亲历者特点，成为企业合规业务的重要角色。目前，各地检察机关正在积极推行合规不起诉试点工作，根据企业启动的合规改革与刑事诉讼流程，可将目前企业合规改革实践中的律师角色分为诉前合规顾问、诉中协助合规的辩护人及诉后第三方合规监管人三种。律师在不同阶段介入企业合规改革，便会担任不同的角色，承担不同的职责。

一、诉前合规顾问

律师可以作为企业的合规顾问，在企业触及合规风险之前，通过为企业搭建合规体系、完善合规制度等各种合规举措防范合规风险。

（一）诉前合规的重要性

诉前刑事合规属于“事前合规”，也称为“事先刑事风险预防”，一般是企业在出现刑事风险之前，便主动建立刑事合规机制，来防范被追究刑事责任的风险。

虽然现在企业合规开展得如火如荼，但是基于企业逐利性的本质，从现阶段来看，主动开展诉前合规的企业主要集中于国企，对于大部分民营企业而言，企业合规仍仅局限于诉后合规和诉中合规，而难以延伸至诉前合规的范畴。但其实对于企业来说，诉前合规的重要性不可忽视。因为无论是企业诉后合规，还是诉中合规，都更倾向于表现为企业为免除刑事责任或降低刑事处罚的一种手段或方式。特别是企业诉后合规，其实已经是“亡羊补牢，为时晚矣”。即使是诉中合规，企业也是处于被动的状态，需要接受检察院或者第三方独立监管机构的监督、审查和评估，如果是没有任何实际作用的合规整改，那么不仅无法达到终止诉讼程序的效果，而且可能还会对案件的处理产生负面影响。

而诉前合规不同，诉前合规作为企业预防刑事风险一种治理方式或机制，不仅要求企业以刑事法律为基础，积极履行法律义务，避免受到刑事追诉，促进犯罪预防目标的实现；而且，通过合规建设提高企业识别、控制、预防刑事风险的能力，促进企业经营目标的实现，促进企业利益最大化，同时可以推动企业承担社会责任，强化企业预防犯罪的责任感，增强对自身人员和业务中可能出现的犯罪的预防，从而积极分担社会责任，弥补国家预防犯罪力量的不足。①

（二）律师在诉前合规的作用

如前所述，律师可以在诉前合规阶段作为企业的合规法律顾问，根据企业的实际经营情况和业务流程分析研判企业可能存在的潜在合规风险，并通过制定系统的合规制度、设立专门的合规机构、配备专业的合规人员等各种合规举措，为企业搭建完善的合规体系，建立完备的合规机制。

---

① 参见北京市律师协会成立智库刑事合规专家组：《民企刑事合规业务现状及律师参与质效探索》，载云展网，https://www.yunzhan365.com/39985548.html，2023 年 4 月 3 日访问。

对于律师而言,担任不同的角色,工作的重点也会有所不同。对于事前合规顾问来说,需要更多关注企业潜在的合规风险点,通过书面审查、现场访谈等各种方式来发现合规风险所在,并结合企业实际情况评估研判相应合规风险的严重程度及等级大小,最终根据工作经验和行业内的良好实践,为企业提出有针对性且有效的合规建议。对于律师而言,担任企业的合规顾问,一般需要进行如图 7 所示的三步工作。

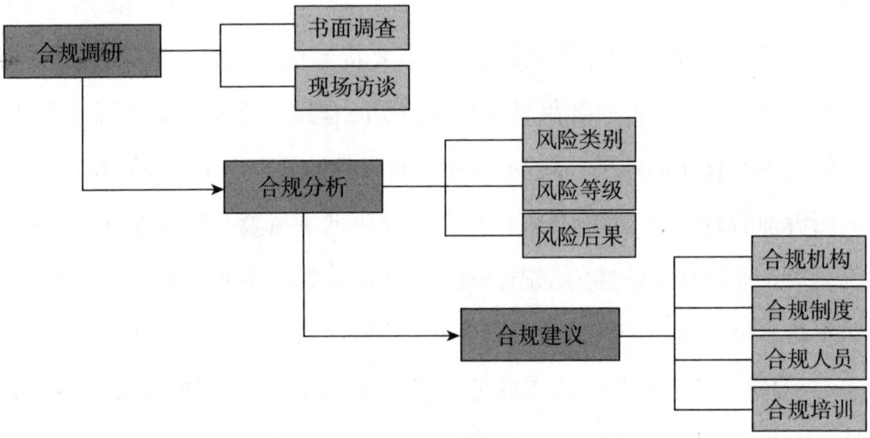

图 7　合规顾问的相关工作

首先,合规调研。合规调研的目的主要是全面了解企业的合规管理现状和业务实际情况,从而研判分析企业可能存在的合规风险点。律师可通过梳理企业现有的管理制度、工作规范,以及对企业的管理人员、核心骨干和重要的第三方合作伙伴进行访谈,详细了解企业业务管理模式、工作流程和对外合作情况。根据企业可能涉及的刑事罪名,在全面了解各类刑事犯罪构成要件的基础上,梳理每一个工作环节点可能会涉及的刑事罪名和合规风险。

其次,合规分析。根据前述梳理得出的合规风险点,结合企业的实际情况,对所有合规风险进行分门别类,并根据合规风险的性质及严重程度划分风险等级，绘制风险地图，然后便可依照合规风险等级的不同订立有针对性的合规计划，循序渐进完成风险防控工作。其中，极易发生合规风险的业务部门或者岗位人员，将是下一步合规风险防控的重点。

最后，合规建议。律师作为企业的事前合规顾问，最终的目的便是要为企业建立有效的合规风险防范体系。有效的合规体系必须是符合每个企业自身业务性质、管理情况的专项合规体系。有的企业制订的是大而全的综合合规体系，但是因为各个行业涉及的合规风险以及重点风险领域都是不同的，所以这种大而空洞的“一揽子”合规体系，其实对于很多企业并不适用，也不能起到实际效果。成功有效的合规体系必须是为企业量身打造，符合企业实际情况的专项合规制度，例如，西门子的反商业贿赂合规计划、中国农业银行的反洗钱合规计划，都是针对某一风险领域制订的专项合规计划。一般而言，一个完善的合规体系，至少应包含设置合规机构、制定合规规范、协作合规培训这三个方面。

第一，企业需要设立专门的合规机构，招募专业人员、聘请专业团队来统筹领导企业的合规体系建设，负责对公司的业务经营、工作流程和工作环节进行合规把关。如果没有独立的合规机构去执行合规规范，即使再完善的规范制度也只能停留在表面，不能起到实际作用。第二，制定合规制度。合规制度是防范合规风险的规范基础，也是搭建合规体系的核心，无规矩不成方圆，有敬畏才知行止，只有先明确企业内部规范，企业员工才能了解到法律的红线以及行为的界限，才能保证员工的行为能够合法合规。合规制度的制定也要因地制宜，符合企业实际情况，除了制定适用于全体员工的总体合规制度，对于企业中合规风险高发的重点业务类型或者部门领域，还可以有针对性地制定具体的合规细则，从具体的业务流程或工作环节全面防范合规风险发生的可能。第三，为保证合规制度实际落地，合规体系能够发挥实效，还需要对全体员工进行合规培训，根据员工的管理职级大小以及具体的工作职责内容开展有针对性的、分层级的合规培训。通过合规培训,不仅能够增强员工的风险防范意识和行为自觉性,还能在企业内部营造良好的合规企业文化的氛围。除此之外,合规体系建设是一个长期推进、动态调整的过程,需要根据企业内外部环境变化,随时更新调整合规制度和风险防范体系,以保证合规体系能够一直有效。

即使企业建立了完善的合规体系,也不意味着企业就可以一劳永逸,永远不会发生合规风险。搭建合规体系只是在最大限度上降低企业触犯法律法规的可能性,但是无法完全避免。因此,一旦企业面临着行政执法或者司法调查,律师作为企业的合规顾问,还可以协助企业配合有关监管机构的执法调查。一般而言,对于已经被行政机关启动行政执法程序或者进行行政处罚的企业,一旦被发现可能涉嫌犯罪的,有关机构会将案件移送给公安机关或者其他侦查机关以启动刑事程序。因此,在行政执法或者刑事前期侦查过程中,律师作为合规顾问,就需要协助企业及时作出有效的应对,防止因采取不恰当的应对措施导致更严重的后果。

二、诉中协助合规的辩护人

传统的律师业务,属于明显的事后介入模式,也就是说,企业习惯于在已经受到内部员工或者是外部人员的不法侵害,造成公司损失,或者企业因为违法违规行为已经受到刑事立案甚至是法定代表人或其他高管人员已经被采取强制措施后,才会聘请外部律师参与到诉讼阶段中。从传统的刑事业务来看,企业如果是受到非法侵害的被害人,那么律师介入后,可向公安机关提交刑事举报材料,并推进刑事立案进程,若成功立案,则可作为被害人侦查阶段、审查起诉阶段以及后续审判阶段的诉讼代理人,维护被害人的合法权益。企业若是实施了违法违规行为被刑事立案,那么律师介入可作为被告企业的辩护人,参与诉讼全过程。但是,随着企业合规改革以及合规不起诉的兴起,作为参与诉讼的辩护人,在处理企业涉诉案件时,除了传统的会见、申请取保候审等传统业务,辩护律师还需要考虑如何能为涉诉企业争取合规不起诉的有利结果。从这个角度考虑,结合 2021 年 6 月最高人民检察院、司法部等九部门联合印发的《第三方机制指导意见》的规定,在此阶段的律师可以从以下途径保护涉诉企业的合法权益。

（一）申请适用企业合规不起诉

《第三方机制指导意见》第 10 条规定,人民检察院在办理涉企犯罪案件时,应当注意审查是否符合企业合规试点以及第三方机制的适用条件,并及时征询涉案企业、个人的意见。涉案企业、个人及其辩护人、诉讼代理人或者其他相关单位、人员提出适用企业合规试点以及第三方机制申请的,人民检察院应当依法受理并进行审查。因此,在刑事侦查及审查起诉阶段,辩护律师除了可以会见、查阅卷宗、申请取保候审、提出羁押必要性审查等以外,还可以积极与涉诉企业沟通,向其充分阐释合规不起诉的适用条件及其对企业的意义和作用,若涉案企业自愿认罪认罚,同时有能力建立或完善企业合规体系,并自愿接受合规整改监督和考察,那么辩护律师可在收集与上述相关的证据材料后,向检察机关提出适用企业合规不起诉的申请,以使检察机关能够及时进行审查,避免涉案企业面临着被起诉的局面。

（二）依法申诉、控告或提出申请、要求

《第三方机制指导意见》第 16 条规定:“负责办理案件的人民检察院应当履行下列职责:……(四)依法办理涉案企业、个人及其辩护人、诉讼代理人或者其他相关单位、人员在第三方机制运行期间提出的申诉、控告或者有关申请、

要求……”;第 18 条第 1 款规定,涉案企业或其人员在第三方机制运行期间,认为第三方组织或其组成人员存在行为不当或者涉嫌违法犯罪的,可以向负责选任第三方组织的第三方机制管委会反映或者提出异议,或者向负责办理案件的人民检察院提出申诉、控告。因此,涉案企业在进行合规不起诉整改过程中,辩护律师也应该维护涉案企业的合法权利,不仅要关注涉案企业在受监督整改期间的各项合法权利是否得到保障,而且应与第三方监督机构及检察机关保持良好的沟通,及时帮助涉案企业传递合法、合理的申请和要求。除此之外,若检察院决定针对拟作出的不批准逮捕、不起诉、变更强制措施等决定召开听证会,辩护律师还可以申请参加听证会,在听证会上针对涉案企业及人员适用不批准逮捕、不起诉、变更强制措施等发表相关意见。

三、诉后第三方合规监管人

随着涉案企业合规改革的深入发展,律师还经常作为第三方合规监管人参与企业的合规整改工作。在检察机关启动合规考察之后,需要对企业合规整改的过程进行监督、指导、验收,但有时检察机关需要社会合规专业力量补充相应的知识和资源,故启动第三方监督评估机制,将合规监管工作交由第三方合规监管人代为开展。

2018 年起,我国开始逐步重视并推行企业合规,2018 年 7 月 1 日,企业合规管理国家标准《合规管理体系指南》正式实施;同年 11 月 2 日,国务院国资委印发《中央企业合规管理指引(试行)》,从央企开始进行企业合规改革;同年 12 月 26 日,发改委等七部门联合颁发《企业境外经营合规管理指引》,明确了政府主导企业合规的合力推动态势。

随着上述合规三大指引的颁布,各地也开始进行合规改革试点工作。自

2019年开始,北京、江苏、广东等地国资监管部门先后在监管范围内的国有企业开展合规管理试点工作。2020年3月,最高人民检察院启动涉案企业合规改革试点工作,并确定了上海市浦东新区人民检察院、金山区人民检察院,广东省深圳市宝安区人民检察院、南山区人民检察院,江苏省张家港市人民检察院,山东省临沂市郯城县人民检察院作为试点单位。在深圳市宝安区人民检察院的推动下,宝安区司法局还参考、借鉴了国际上的合规监管人制度,在我国首次尝试创设了刑事合规独立监控人制度,并发布了《关于企业刑事合规独立监控人选任及管理规定(试行)》。该规定第2条规定:“本规定所称企业刑事合规独立监控人,是指受犯罪嫌疑企业委托,对企业刑事合规情况进行调查、规划、监督的律师事务所。”该规定明确将律师作为企业合规的独立监控人,可对企业的合规整改情况进行调查,协助企业制订合规计划并监督执行,针对企业刑事合规建设出具阶段性书面报告,并作为检察院对犯罪嫌疑企业作出相应处理决定的参考。

2021年6月3日,最高人民检察院、司法部等九部门印发了《第三方机制指导意见》,不仅梳理总结了前期企业合规改革试点工作的经验和方法,还进一步为企业合规改革在全国范围内的开展确定了统一的规范。同时,《第三方机制指导意见》也提出,检察院在办理涉企业犯罪案件时,可以引入第三方监督评估机制,完善合规体系建设。根据《第三方机制指导意见》第1条的有关规定,第三方监督评估组织的主要职责是对涉案企业的合规承诺进行调查、评估、监督和考察,且该考察结果将作为检察院依法处理案件的重要参考。《第三方机制指导意见》所规定的第三方监督评估组织其实和宝安区司法局所规定的独立监控人具有类似的职责,而且《第三方机制指导意见》第17条[①]也明

---

① 《第三方机制指导意见》第17条规定:……第三方组织组成人员系律师、注册会计师、税务师(注册税务师)等中介组织人员的,在履行第三方监督评估职责期间不得违反规定接受可能有利益关系的业务;在履行第三方监督评估职责结束后一年以内,上述人员及其所在中介组织不得接受涉案企业、个人或者其他有利益关系的单位、人员的业务。

确规定了第三方监督评估组织组成人员可以是律师、注册会计师、税务师(注册税务师)等中介组织人员,客观上为律师参与、介入企业合规改革提供了法律依据。这也是考虑到涉案企业可能缺乏专业的合规人员,所以在合规整改过程中需要专业的合规监管人提供指导,而第三方合规监管人的工作职责和律师的专业能力和职业领域高度契合,因此由律师担任第三方合规监管人也是大势所趋。

根据《第三方机制指导意见》的相关规定,律师作为独立的第三方监管人,主要职责包括指导、汇报、监督、举报等,具体如下:一是要求涉案企业提交专项或者多项合规计划,并明确合规计划的承诺完成时限;二是对涉案企业合规计划的可行性、有效性与全面性进行审查,提出修改完善的意见建议,并根据案件具体情况和涉案企业承诺履行的期限,确定合规考察期限;三是定期或者不定期对涉案企业合规计划履行情况进行检查、评估、考核,要求涉案企业定期书面报告合规计划的执行情况,并抄送负责办理案件的人民检察院;四是若发现涉案企业或其人员存在尚未被办案机关掌握的犯罪事实或者新实施的犯罪行为,应当中止第三方监督评估程序,并向负责办理案件的人民检察院报告;五是在合规考察期届满后,对涉案企业的合规计划完成情况进行全面检查、评估和考核,并制作合规考察书面报告,报送负责选任第三方组织的第三方机制管委会和负责办理案件的人民检察院。

综上所述,律师作为第三方独立监管人,主要是协助办案检察机关对涉案企业的合规整改情况进行监督考察,并为检察机关是否对涉案企业提起诉讼决定提供参考意见。首先,第三方独立监管律师将参与涉案企业合规整改的全流程,督促涉案企业提交合规整改计划并实际履行合规计划,配合考察评估;其次,第三方独立监管律师还应定期向办案检察机关报告合规监控情况,并接受检察机关的监督;最后,第三方独立监管律师如果发现涉案企业有新的或者未被发现的不合规行为，应及时暂停评估程序并报告。律师若担任第三方独立监管人，应当履行诚实、信用、勤勉、中立的义务，依法独立、客观、公正地进行合规监管，履行好指导和监督的双重角色。

四、企业合规改革中不同律师角色之间的关系

如前所述，在企业合规改革过程中，律师在全流程中，可能在不同阶段担任三种不同的角色，承担不同的职责，发挥不同的作用。一是在诉前合规过程中的合规顾问角色，二是在诉中协助合规的刑事辩护人角色，三是在诉后合规过程中的第三方监管人角色。这三种身份并不相互排斥、互不相干，相反，是相辅相成、相互促进的关系，而且，在符合特定条件的情况下，律师能够同时兼任不同角色。

第一，关于律师是否能够同时担任企业诉前合规顾问和诉后第三方合规监管人的问题，目前存在不同的看法。一方面，诉前合规顾问最了解涉案企业的合规风险以及前期合规情况，因此，若由合规顾问担任第三方合规监管人，不仅能够对涉案企业的合规整改情况提供更有针对性且更有效的指导意见，而且对于企业的合规整改计划是否有效、涉案企业是否实际执行合规整改计划等情况，能够作出更切合实际的考察评估意见。另一方面，第三方合规监管人应保持绝对中立，若由企业的合规顾问来担任，不仅存在利益冲突的问题，而且既然前期合规顾问协助企业进行合规体系搭建后仍出现了合规风险，这也就意味着，前期的合规体系无效或者存在缺陷、漏洞，那么合规顾问在担任第三方合规监管人过程中，是否能够实际对涉案企业合规整改的有效性作出符合实际情况的评估意见，也值得商榷。关于这个问题，可以根据个案情况具体分析，结合合规顾问前期协助企业的合规建设情况，综合考虑最终合规风险发生的原因、合

规风险造成的后果等,在第三方机制管委会及涉案企业都无异议的情况下,合规顾问也可以担任涉案企业合规整改过程中的第三方合规监管人。

第二,从诉前合规顾问和诉中协助合规的刑事辩护人对企业所承担的职责以及所起到的作用来看,律师是可以兼任的。律师作为企业合规顾问的主要目的便是识别企业日常经营管理过程中可能存在的合规风险,并通过协助企业建立完善的合规体系,采取各种合规措施来预防合规风险事件的发生。但是,任何合规风险预防体系都不是万无一失的,一旦企业实际出现合规风险后,合规顾问作为最了解企业业务经营情况以及合规管理现状的角色,也是承担事后辩护角色的最佳人选。因为无论是诉前合规顾问,还是诉中辩护律师,其实都是作为企业的利益保护者,从最大限度上、尽最大可能维护企业的合法利益,因此,这两个角色维护的利益本身是统一一致的,并不存在利益冲突的情况。所以,律师同时担任这两个角色并无任何不妥。相反,由于律师前期协助企业建立合规体系,因此即使企业涉诉,律师也能及时向办案检察机关反馈涉案企业主动进行合规管理的相关情况,并提出适用合规不起诉的申请。同时,律师还能快速协助企业提交合规整改计划书,并根据企业实际情况有针对性地完善内部合规体系,以符合办案检察机关的要求,从而实现检察机关对企业作出不起诉决定的目的。

第三,从诉后第三方合规监管人和诉中协助合规的辩护律师的身份定位来看,律师不可兼任。第三方合规监管人需要协助办案检察机关对涉案企业的合规整改情况进行监督、评估,并制作合规考察书面报告,而该合规考察书面报告将作为办案检察机关依法作出批准或者不批准逮捕、起诉或者不起诉以及是否变更强制措施等决定,提出量刑建议或者检察建议、检察意见的重要参考。因此,第三方合规监管人必须保持独立、中立。而辩护人与涉案企业的利益是一致的,辩护人的主要目的便是依法为涉案企业争取利益最大化。因此,第三方合规监管人和辩护人存在利益冲突，律师不可为同一涉案企业同时担任这两种身份角色。《第三方机制指导意见》第 17 条也对此进行了规定："第三方组织组成人员系律师、注册会计师、税务师（注册税务师）等中介组织人员的，在履行第三方监督评估职责期间不得违反规定接受可能有利益关系的业务；在履行第三方监督评估职责结束后一年以内，上述人员及其所在中介组织不得接受涉案企业、个人或者其他有利益关系的单位、人员的业务。"

第三节 律师企业合规业务的机遇

一、企业合规业务的国内外形势

自改革开放以来,我国企业历经诸多发展阶段,在短短几十年的时间内,已经取得了辉煌的成绩。但是,基于企业逐利性的本质,企业在市场经济环境中,经常会因为法律意识淡薄或者为了追求更高的利润,而实施了违法违规的行为。近年来,随着经济和互联网的快速发展,给企业带来了巨大市场和机遇的同时,由于企业管理层法律意识淡薄、不重视合规管理、行业监管要求越发严格、企业员工贪图小利等各种原因,企业被行政处罚或者被追究刑事责任的案件也呈现出逐年增长的态势。

不仅如此,随着改革开放、"一带一路"倡议的逐渐深入,不仅越来越多的境外企业到中国设立子公司,投资合资企业,而且越来越多的中国企业走出国门。但是由于对于境外法律监管环境的不熟悉,导致我国很多企业在海外受到了外国的制裁。

党的十八大以来,党中央高度重视依法保护民营企业的合法权益,如何兼顾惩治犯罪和保护国内企业和企业家,维护社会和谐稳定大局成为重要的政治课题。

2018 年 11 月 1 日，习近平总书记在民营企业座谈会上的重要讲话指出："民营企业家要讲正气、走正道，做到聚精会神办企业、遵纪守法搞经营，在合法合规中提高企业竞争能力。"

2020 年 3 月，最高人民检察院便正式启动了企业合规监管试点工作，同年 10 月，最高人民检察院检察长张军在第二届民营经济法治建设峰会上表示，检察机关就是服务、保障民营经济健康发展的"老娘舅"。依法保护企业家合法权益，营造企业健康发展法治环境是近年来检察机关重点工作之一。

2021 年 3 月，在第十三届全国人民代表大会第四次会议上，有人大代表提出，"推动企业刑事合规建设既是新时代检察服务的最大创新，也是检察机关服务保障民营经济健康发展'老娘舅'的良好践行，有利于防止企业违法犯罪，助推社会治理现代化"。紧接着，同年 4 月，最高人民检察院便发布了《关于开展企业合规改革试点工作方案》[①]，启动了第二期企业合规改革试点工作。

目前，合规不起诉试点工作范围逐渐扩大，根据 2022 年 1 月 17 日召开的全国检察长（扩大）会议的工作部署规划，2022 年在全国检察机关全面开展企业合规改革试点工作。企业合规改革不仅有利于我国企业走向世界，而且有利于国内企业通过企业合规治理承担社会责任，减少企业风险事件发生率，节约国家社会治理成本。可以预见，在不久的将来，企业合规将是国内所有企业最为重要的治理方式之一。

1. 从企业层面来说，企业合规改革将为涉案企业带来机遇。根据以往的司法实践经验，一个企业一旦被起诉和定罪，不仅企业将面临着罚金的后果，企业相关人员也将面临刑事处罚，而且往往还会引发一系列"雪崩效应"。一方面，

① 参见最高人民检察院官网：《代表委员热议检察机关企业合规试点工作：追诉犯罪与为企业"体检"两手抓》，载最高人民检察院官网，https://www.spp.gov.cn/spp/zdgz/202103/t20210307_511049.shtml。

一个企业如果涉及刑事犯罪,会给企业形象、品牌商誉带来重创,若被拉入行业黑名单,可能就会丧失交易资格,或者因为丧失行业信誉失去大量的交易机会,很难再有发展机会。另一方面,拥有犯罪前科的企业,很难获得融资或贷款,在市场上的生存空间会极度缩小,如果没有有效的整改措施,最终可能面临的结局就是破产倒闭。现在,涉案企业在符合特定条件的情况下,可以适用合规不起诉,一旦检察院作出不起诉决定,那么涉案企业将会获得重生的机会,也有利于维护市场经济秩序的稳定。

2. 从司法层面来说,企业合规改革有利于节约司法资源。在司法实践中,企业犯罪大多数都是经济类犯罪,而且犯罪行为往往具有极强的专业性和隐蔽性,为了认定企业行为是否构成犯罪,司法机关不仅需要收集大量充分的证据,通常还需要专业的人员参与介入,因此在前期侦查阶段会花费大量的人力、物力。不仅如此,涉案企业所聘请的辩护律师,很多时候都会从证据的合法性和定罪标准上提出抗辩,在一定程度上也增加了司法机关对涉案企业的指控和定罪难度。相反,适用合规不起诉,并不需要司法机关收集到足够排除合理怀疑的证据材料,而是由企业自主进行合规整改,司法机关通过对企业的合规整改情况作出评估监督,以判断是否符合不起诉的条件,这将极大地节约司法资源。

3. 从社会层面来说,企业合规改革有利于维护社会稳定。企业合规改革还存在更深层次的动因,即基于公共利益和社会稳定的考量。企业作为社会经济中最活跃的因素,关系大量社会因素,如企业的在职员工、退休员工、股东、债权人、客户和消费者等,都与企业利益密切相关,所以企业的行为往往牵一发而动全身。企业一旦因涉嫌犯罪被起诉定罪,很可能陷入生产经营困境,甚至破产倒闭。这不可避免地会损害企业员工、股东、债权人、客户,乃至上下游企业等第三方合法权益,甚至引发系统性风险,影响社会稳定。合规不起诉不仅能实现追诉犯罪所寻求的矫正、威慑、重塑之客观效果,又能尽最大限度维护社会稳定。

二、律师在企业合规领域的核心竞争力及发力点

（一）外部律师参与企业合规业务具有天然优势

未来，参与企业的合规管理将成为律师的重要工作之一。企业合规工作虽然也可以由企业的内设法务部门开展，但是基于企业的经营活动和行政管理情况，企业的法务部门更擅长于合同审查、股权分析、劳资关系处理等传统企业业务，对于行政监管法律及刑事法律规范并不熟悉。其不仅缺乏应对监管调查和刑事调查的专业知识和职业经验，而且对于企业可能面临的合规风险也缺乏基本的敏感性，对于企业如何建立全面的合规体系缺乏认识和经验。而且，相较内设法务部门而言，外部专业律师团队具有成本更低、综合能力更强、合规手段更多元以及独立性更强四方面的优势。

1. 成本更低

专业律师开展企业合规改革工作，成本会更低。这主要体现在人员成本与沟通成本两个方面。在人员成本方面，如果企业内部开展合规改革工作，则需要聘请合规人员，企业规模越大需要的合规人员也越多。在所有行业中，互联网行业需要的合规人员相对较少。因为互联网行业基本上都是线上办公，因此所有的业务往来、沟通记录都会留下电子证据，方便企业复盘倒查和收集相关证据。目前，市场上头部互联网企业员工数量与合规团队人数的比例大概是1000∶3。但是传统行业现在仍以线下办公为主，很多交易往来是双方之间进行口头约定，留存的书证或电子证据相对较少，在这种情况下进行合规的复盘倒查，难度就更大，需要的合规人员也就更多。而且，只有熟悉企业合规工作、有着丰富的合规工作经验的合规人员，才能帮助企业建设完备的合规体系，这样导致聘请合规人员的成本会更高。而企业聘请专业律师团队是按需聘请、按

时计费,不需要持续支付人员薪资,所以人员成本更低。

在沟通成本方面,主要是指与司法机关执法部门进行沟通的成本。企业并不是专业的法律机构,虽然企业法务常常涉及民事诉讼,但其很少接触公安机关和检察院等司法机关。而专业的刑事合规律师团队在其日常的辩护业务过程中,会经常与各地各级的司法机关进行协商沟通。因此专业刑事合规律师团队在这方面的沟通成本要远远低于企业内设法务部门。

2. 综合能力更强

相较于企业内部开展合规工作,专业律师团队的综合能力会更强,也更具市场前瞻性。企业涉及最多的刑事罪名集中在《中华人民共和国刑法》分则的第三章破坏社会主义市场经济秩序罪和第六章妨害社会管理秩序罪的部分,这两章的很多罪名都存在多学科交叉的情况,如刑法与民法交叉、刑法与行政法交叉等。大部分企业的法务更熟悉民商法、公司法或者经济法,但是并不了解行政法和刑法,所以有时候企业或员工的行为已经触及刑事犯罪,但企业内部法务仍认为只是民事纠纷,这种情况可能导致严重的后果。

而且,企业聘用的内部人员在开展企业合规业务时,因为仅局限在一个企业内,所以发现的问题和提出的解决方案都比较单一。而专业律师合规团队,常年接触各行各业的客户,因此会遇到各行业内最新、最全的问题。相对来讲,律师团队不仅能够多角度、全方位地识别出企业可能存在的合规风险,还能够提供更加全面和完善的合规建议。

3. 合规手段更多元

专业律师团队采用的合规手段更多元。未来,律师可以与国内先进的数字化团队合作,形成强强联手。一方面,利用人工智能连续审计的方式,使用人工智能、机器学习,通过大数据分析帮助企业找出异常业务,从而挖掘深层问题;另一方面,通过专业的法律分析,找出合规风险点,用法律手段解决法律问题。

4. 独立性更强

与企业内部法务相比,外部专业律师具有更高的独立性。企业要建立有效的合规体系,相应的合规制度就必须得到落地执行,一旦出现合规风险,还需要采取严格的措施及时应对处理。企业的合规团队只有保持中立,不受任何其他部门和个人的干扰,才能最大限度地保障企业的合法利益。在合规体系建设以及日常定期的安全合规审计的过程中,对于发现的违法违规行为及有关责任人员,外部律师因高度中立,在接受举报、内部调查、制订预防措施等方面具有先天优势,不会受到企业内部因素的干扰,以保证合规体系能够真正发挥作用,起到防范合规风险的作用。

基于上述对律师参与企业内部合规业务四个方面的优势分析,律师不仅能够为企业提供合规调查和调查起诉应对业务,还可以针对企业合规风险分布情况、企业违法违规情况、企业合规计划的漏洞,提出有针对性且更具专业性的完善合规计划建议,成为企业防范新的法律风险的保障。律师作为外部法律专家,可以帮助企业量身打造符合企业自身实际情况的有效合规计划。律师的外部参与对企业预防、识别和应对合规风险具有重要的积极意义,而且对于企业自身来说,企业内部的合规治理也需要外部律师的深入参与。

(二)拓展律师传统业务领域

如前所述,律师在企业合规改革中具有不可替代的、显著的优势,而企业合规改革也进一步拓展了律师行业的传统业务领域,为律师行业带来了更多的机遇。合规不起诉的推行将对规范企业投资经营行为、进行合规管理起到极大的促进作用,而有关政府机关、司法机关也在持续发布加强企业合规改革的法律法规及政策文件,不断支持、鼓励、引导企业强化合规意识、建立合规管理体系、提升合规管理能力。这些都意味着中国企业合规改革进入了倒逼时代和刚性需求阶段。而且,企业合规改革的深入开展,也为律师行业拓展了新的业务空间。

1. 刑事诉讼

随着企业合规改革的开展,律师在传统的刑事诉讼业务中,也需要相应转变工作思维和工作方式。除了可以开展传统的刑事辩护工作,如查阅卷宗、会见等,律师还可以从合规不起诉的角度,协助企业进行合规整改,向检察院申请适用合规不起诉等。

2. 合规顾问

我国企业合规管理目前正处于起步阶段。律师作为企业合规顾问,与传统的企业法律顾问在职能上有所不同。传统的企业法律顾问的工作类型通常属于一事一议,往往是企业在进行经营决策之前,询问法律顾问相关事项的相应风险及后果,避免造成损失。而且,法律顾问律师的专业意见对于企业而言,仅有参考作用,对企业的约束力有限。但是合规顾问主要是为企业搭建合规管理体系,从制度层面、机构层面、人员层面、文化层面等全方位为企业构建合规体系,不仅能有效避免企业发生合规风险,而且能保证在企业面临执法调查时获取正向激励,如减轻处罚或者刑罚。相对于传统企业法律顾问而言,企业合规顾问的专业意见受重视程度也会相对更高。

3. 合规调查

律师除作为合规顾问为企业搭建合规体系之外,还可以接受企业专门委托,在企业内部开展合规调查。内部合规调查也是律师在企业合规改革过程中进行业务拓展的一个方面。最著名的便是西门子公司的内部调查,该内部调查由西门子公司聘请美国德普律师事务所进行,该律所的律师团队就西门子公司在反海外腐败方面遵守法律法规以及建立合规机制的情况进行了长达 2 年的独立调查。这项调查活动评估了 5000 多个咨询协议,检查了 4000 万份银行账户报表,1 亿份文件以及 1.27 亿次交易记录,以及无数次的内部谈话,仅外部专业机构调查就花费了数亿美元。内部合规调查作为企业的一种危机应对方式,在危机发生之后企业要对违规行为、违规责任人以及合规机制的漏洞等问题展开有针对性的调查,以便发现违规行为,找到责任人,并针对企业内控机制的漏洞和缺陷进行合规体系的完善工作。由于律师作为外部专家,具有独立性和专业性,而且需履行保密义务,相对于其他外部机构来说,具有先天优势。

4. 合规监督

如前所述,检察机关在推行合规不起诉过程中,由于律师不仅具有丰富的刑事诉讼经验,有的律师还同时兼具人民监督员的身份,因此办案检察机关在进行合规监管评估时往往采取各种方式与律师进行合作,如建立合规监管人名录库等。律师进入合规监管人名录库后,可独立行使监督评估职权,代表独立监管第三方对涉案企业是否执行合规计划以及合规计划的实施效果等进行评估。由此可见,律师作为第三方组织人员,在第三方监管机制中的地位作用突破了传统意义上的律师角色,更趋向于一个独立的第三方评估机构,其工作方式也从传统的“涉案企业—律师辩护”向“涉案企业—律师监督—检察院审查”转变。

第三章

律师如何做好企业合规刑事辩护人

律师是推动企业合规建设的重要力量，企业合规改革也为国内律师业务拓展开辟了新的领域。自2020年最高人民检察院在全国各地试点范围开展“企业犯罪相对不起诉适用机制改革”以来，很多律师特别是刑事律师都希望将自己正在着手办理的涉企案件和尚在试点的企业合规改革结合起来。在涉案企业合规改革（俗称刑事合规）突飞猛进的当下，刑事律师如何将自己的优势发挥出来，形成真正的生产力和竞争优势呢？刑事律师应对自己的日常业务进行梳理，准确发现和敏锐识别哪些案件符合开展涉案企业合规的条件，收集并整理涉案企业可以进入合规建设的证据和材料，将这些证据和材料提交检察机关及其承办人的同时，积极说服检察机关启动企业合规考察程序。检察机关同意启动涉案企业合规考察程序只是合规辩护成功的第一步，接下来刑事律师还应当转变角色和定位，积极利用自身能力或者借助专业合规律师团队力量，推动企业的有效合规整改，最终通过检察机关或第三方合规考察委员会的合规验收，以换取不起诉、减轻或从轻处罚的诉讼结果。

第一节　区分企业案件与个人案件

多数观点认为，企业合规仅针对企业单位犯罪的新型治理方式，其适用对象是企业，而并非企业家、直接责任人等个人。企业合规不仅具有保护功能，也具有惩罚功能（因此才能更有效地替代刑罚）。这种惩罚功能体现在，企业一旦被纳入合规考察，就需要承担诸如积极配合、补救挽回、提交合规计划、接受合规监管等义务。因此在企业未被追究刑事责任，未被作为处罚对象的情况下，对其适用企业合规，并以企业的合规建设作为放过“企业家”之理由，有悖企业合规的基本原理，也有违反刑法罪刑法定原则之嫌。[①] 由此引申出企业合规适用对象的问题，即律师在梳理涉及企业刑事犯罪是否可以纳入企业合规考察之前，需要准确区分企业案件与个人案件。

然而，我国现行《中华人民共和国刑法》（以下简称《刑法》）仅对单位犯罪的刑事责任范围以及处罚原则作出规定，而并未详细、具体规定单位犯罪如何认定。这导致司法实务中存在案件主体难以认定，有些案件主体认定具有争议，法院认定适用标准不统一等问题。本节将详细阐释如何对二者进行区分，以帮助刑事律师准确界定企业案件，为进一步是否启动合规辩护夯实基础。

① 参见李奋飞：《论企业合规考察的适用条件》，载《法学论坛》2021 年第 6 期。

一、企业作为案件主体的要求

在对二者作出区分之前,需要明确哪些企业可以作为案件的主体,承担相应的法律责任。首先,需要了解企业的概念。企业是指以营利为目的,从事经济活动,向社会提供产品或服务的一种社会组织。但企业的概念相对抽象、模糊,无法直接据此判断哪些企业能够真正作为具体案件的主体,实施犯罪行为,以及承担相应责任,仍需明确企业作为案件主体需要符合哪些要求。

第一,企业作为案件主体,应是依法成立的社会组织,具有合法性。此处的"依法成立"是指企业成立宗旨、目的合乎法律法规,并且履行了注册登记手续,符合法定的程序、形式。第二,企业作为案件主体,应当能够以自己的名义对外承担责任,具有独立性。即企业需拥有自己的名称、住所、办事机构,并且具有独立的行为能力和可支配的财产。如果企业并不具有独立于内部员工的财产,属于在注册登记后没有实际出资或者抽逃出资的"空壳公司",或者企业财产与个人财产混同,则应否定其独立性。第三,企业作为案件主体,应当是由一定数量的人员组成,有一定规模的组织机构,具有组织性。即企业日常运转需要内部员工按照分工,有组织地开展各项工作。

其次,需要注意,除法律有特殊规定外,在一般情况下,企业的所有制性质并不影响企业作为案件主体的认定,无论是公有制企业、私有制企业还是混合所有制企业,实施犯罪行为均需承担相应的责任。此外,外国企业在我国领域内实施上述行为,或虽在我国领域外实施,但应当适用我国法律的,仍应按照我国相关法律法规的规定进行处罚。

二、企业案件的特征

了解了企业作为案件主体的要求后，还需要明确企业案件的特征，才能更好地总结区分企业案件与个人案件的方法。企业案件的特征能够更进一步地明确在刑事案件中企业作为案件主体的特别之处。企业案件作为单位案件的一种类型，具备单位犯罪的特征。

第一，企业案件是指企业自身行为构成犯罪。但这并非指企业内部各个员工的犯罪集合，亦不是指企业所有员工的共同犯罪。此处需要特别注意，根据相关司法解释的规定，个人为进行违法犯罪活动而设立的企业实施犯罪的，或者企业设立后，以实施犯罪为主要活动的，不以单位犯罪论处。[①] 也就是说，上述这种情况在刑法领域，即使形式上具备其他的企业案件特征，亦不被视为企业自身行为构成犯罪，不按单位犯罪处理，而仅是由相关行为人承担刑事责任，属于个人案件。例如，专门为破坏计算机信息系统而设立公司，制作、传播计算机病毒等，则仅对相关责任人员以破坏计算机信息系统罪论处，而不会将其认定为是单位犯罪。

第二，企业案件是先由企业决策机构按照企业内部决策程序决定，再由直接责任人员实施犯罪行为的。企业案件虽然是企业自身犯罪，但具体的犯罪行为仍需要决定者与实施者。企业依赖内部员工开展生产经营活动，如果没有员工，企业无法存在；反之，如果企业的任何一个员工脱离企业，其就不具有在企业中的地位，不再作为企业员工发挥作用，而只是孤立的个人。而且，企业员工之间是按照企业的统一要求和一定秩序，相互联系、相互作用、协调一致，共同

---

① 参见最高人民法院 1999 年发布的《关于审理单位犯罪案件具体应用法律有关问题的解释》第 2 条。

形成企业整体的。[①] 企业案件中，具体行为的实施是在企业整体意志决策、支配之下，而并非某个员工的个人意志，亦并非所有或部分员工意志的简单相加、整合，而是基于企业内部规定，成员在相互联系、相互作用下形成的企业整体意志。在企业整体意志形成后，直接责任人员基于该决策，具体实施相关行为。

第三，企业案件一般是为企业自身谋取非法利益，或者以企业名义为本企业全体或多数员工谋取非法利益。以合法方式为企业谋取合法利益的行为，或者仅仅是为企业少数员工谋取非法利益的行为，均不属于企业案件。前者属于合法行为，后者则属于个人案件。有关企业与个人案件的具体区分，下文详细阐述，此处不再赘述。此处需要特别注意，有些特征并非所有企业案件必不可少的，只是一般情况下企业案件通常具备的。即如果某企业为其他单位或者非员工的个人谋取非法利益，而实施相应犯罪行为的，同样应由企业作为主体承担相应刑事责任。例如，A 企业为了 B 企业的不正当利益，而以 A 企业的自身名义，使用 A 企业的财物，向国家工作人员 C 行贿，A 企业实施犯罪行为虽然并非为自身谋取非法利益，但仍然构成单位行贿罪。

第四，企业案件的范围以法律法规明文规定为限。在一般情况下，法律默认的责任承担主体为自然人，只有法律条文中明确规定行为主体为企业等单位时，企业才能作为案件的主体。《刑法》第 30 条对此作出明确规定："公司、企业、事业单位、机关、团体实施的危害社会的行为，法律规定为单位犯罪的，应当负刑事责任。"也就是说，只有《刑法》分则中明确规定单位可以构成犯罪的，企业才可能成为犯罪主体。

第五，企业案件的法律后果具有特殊性。基于企业案件的第二项特征"企业决策机构决定，直接责任人员实施行为"，企业案件承担责任的主体分别为企业自身与相关责任人。《刑法》第 31 条规定的单位犯罪处罚以双罚制为原

---

① 参见张明楷：《刑法学》（第 6 版），法律出版社 2021 年版，第 176 页。

则,即既处罚企业等单位,又处罚单位直接负责的主管人员、其他直接责任人员;以单罚制为例外,即仅处罚企业等单位的相关责任人员,而不处罚企业自身。

三、企业案件与个人案件的具体区分标准

企业案件与企业外部人员案件的区分相对容易,问题主要集中于企业与其内部人员实施犯罪应如何进行区分,即如何区分“企业案件”和“与企业有关的案件”。上文已详细阐释企业案件的主体要求、特征,据此能够对二者进行一定程度的区分,下面将分析二者判断、区分的具体标准,以便于律师实务办案中能够快速、准确地界定案件主体,帮助企业开展合规建设。

1. 是否基于企业整体意志

首先需要审查企业的决策是否基于企业整体意志而作出。需要注意的是,企业领导人员或企业内部员工集体作出的决策,并非绝对代表着企业的整体意志,仍旧需要进一步审查,决策是否由企业的决策机构作出(如股份有限公司的股东大会及董事会),有些事项则需要企业主管领导依据其职权划分作出决策。其次还需要审查,该决策是否依照企业内部决策程序作出。企业内部章程会对企业决策程序作出明确规定,如果是违反相关规定、程序而作出的决策,则仍不认为是基于企业整体意志作出的决策。总的来看,企业规定的事项决策机构遵守相应程序作出的决策,才能够被认定为是基于企业整体意志作出的决策。

以下三种情形,则不符合基于企业整体意志的标准,不属于企业案件:第一,企业内部员工未经企业决策机构同意、认可、批准而实施犯罪行为,为企业或个人谋取非法利益的;第二,企业内部员工实施与其职务活动无关的犯罪行为的,

如某企业负责销售的业务员A,因醉驾而犯危险驾驶罪,承担刑事责任,这与其自身职务活动无关,不属于企业案件,仅是个人案件;第三,盗用、冒用企业名义实施犯罪行为,为个人谋取非法利益,违法所得亦归个人所有。对于第三种情形,有关单位犯罪的司法解释作出明确规定,不视为企业等单位构成犯罪。①

2. 是否为了企业或全体、多数员工谋取非法利益

第二个审查标准是,相关犯罪行为的实施是否为了企业或全体、多数员工谋取非法利益。如果仅为某个企业员工或少数员工谋取非法利益,则并不能将该行为归责到企业,不属于企业案件。例如,国有企业中,几位领导商议私自划分国有资产,如果是仅分给少数企业员工,则该行为构成贪污罪,属于个人案件。反之,如果是将国有资产集体分给企业所有员工,则该行为构成私分国有资产罪,属于企业案件。又如,在一般情况下,如果是为谋取不正当的企业集体利益或企业全体、多数员工的利益,给予某国家工作人员财物的,则该行为构成单位行贿罪,属于企业案件。反之,如果是仅为某个企业员工的不正当利益,实施上述行为,则该行为构成行贿罪,属于个人案件。

综上,如果犯罪行为的实施是基于企业整体意志,并且是为了企业或多数员工谋取非法利益,则认定为企业案件;否则,认定为个人案件。律师在具体办案过程中,运用上述两项标准进行区分,能够清晰地辨别案件主体,继而考虑是否能够通过适用企业合规,帮助企业免除、减轻或从轻处罚。

四、难以区分案件主体的情形

通过前文对于区分企业与个人案件的前提,以及具体方法的讨论,律师能

---

① 参见最高人民法院1999年发布的《关于审理单位犯罪案件具体应用法律有关问题的解释》第3条。

够对实务办案中接触的大多数案件主体进行准确定性。但在某些特殊情形下，界定案件主体时，也可能存在误区，继而导致企业合规不起诉制度的适用对象错误。下面结合司法实务中的典型案例，进行具体分析，明确案件主体，以帮助律师更加全面地开展工作。

1. 依法成立的一人公司能否成为企业案件主体

案例：2008 年 1 月 8 日，被告人王某强注册成立以其一人为股东的上海新某某信息技术有限公司（以下简称新某某公司），王某强系法定代表人。2008 年 9 月 23 日、10 月 28 日，王某强以支付开票费的方式，通过他人让英某（中国）投资有限公司（以下简称英某公司）先后为新某某公司虚开增值税专用发票各一份，价税合计分别为人民币（以下币种均为人民币）221，000 元、350，000 元，其中税款分别为 32，111.11 元、50，845.70 元，并分别于开票当月向税务局申报抵扣，骗取税款共计 82，965.81 元。2010 年 3 月 15 日，王某强被传唤到案。案发后，被骗税款已全部追缴。上海市徐汇区人民法院认为，被告单位新某某公司让他人为自己虚开增值税专用发票，致使国家税款被骗 82，000 余元，被告人王某强系直接负责的主管人员，其与单位均构成虚开增值税专用发票罪，应予以处罚，鉴于新某某公司、王某强自愿认罪，并已退回了全部税款，可以酌情从轻处罚。判决被告单位新某某公司犯虚开增值税专用发票罪，判处罚金 3 万元；被告人王某强犯虚开增值税专用发票罪，判处有期徒刑 1 年，缓刑 1 年。[①]

① 参见最高人民法院刑事审判一至五庭主办：《刑事审判参考》（2011 年第 5 集：总第 82 集），法律出版社 2012 年版，第 1 ~ 2 页。

该案在实践中的争议焦点为:依法成立的一人公司能否成为单位犯罪的主体。理论上对此存在肯定说与否定说两种观点。最高人民法院主编的《刑事审判参考》针对这一问题,提出的供广大刑事司法人员参考、借鉴的裁判观点则是赞成肯定说,其主要理由为:第一,一人公司作为单位犯罪主体具有法律依据,修订后的《中华人民共和国公司法》明确赋予了一人公司的法人地位;第二,承认一人公司的单位犯罪主体资格符合经济社会发展的大潮流,包括英美法系和大陆法系在内的世界主要发达国家,均确立了一人公司制度;第三,一人公司成为单位犯罪主体符合刑法设立单位犯罪的目的要求;第四,对单位犯罪的解释应当符合时代发展的要求。

但同时其又强调,并不是所有的一人公司都可以成为单位犯罪的主体,必须满足以下几项条件:第一,一人公司必须严格依法成立。没有经过工商登记注册取得法人地位的一人公司,不能成为单位犯罪的主体。第二,一人公司必须具有独立的人格,具有独立的财产。一人公司股东不能证明公司财产独立于股东个人财产的,则公司不能成为单位犯罪的主体。第三,一人公司必须具有法人治理结构,例如,一人公司应当有自己的章程。鉴于一人公司只有一个股东,公司与股东的个人行为容易发生竞合、混同,以股东个人名义进行的行为,视为股东个人行为,构成犯罪的,不能以单位犯罪论处。①

上述案例表明,在司法实务中,依法成立的一人公司因具有法人资格,可以作为企业案件的主体,承担相应的法律责任。但需注意,如果公司与股东发生人格混同,则此时案件的主体为个人,而并非该企业自身。

---

① 参见最高人民法院刑事审判一至五庭主办:《刑事审判参考》(2011 年第 5 集:总第 82 集),法律出版社 2012 年版,第 3 ~ 14 页。

2. 经营非正规业务的企业能否成为企业案件主体

案例:被告人邱进甲、邱进乙于2009年3月至9月,租用广州市海珠区宝岗大道268号中新大厦902室、903室、1815室作为上海某才数码技术有限公司(以下简称某才公司)、广州某亿网络科技有限公司(以下简称某亿公司)的办公场所。被告人邱进甲担任某才公司法定代表人、某亿公司总经理,负责全面工作;被告人邱进乙担任某亿公司法定代表人,负责采购。二被告人以上述公司的名义,通过互联网招聘网络技术人员和网络销售业务员,在互联网上设立LV、GUCCI商品销售网站,通过互联网向国外客户销售假冒注册商标LV、GUCCI的商品,并通过易智付科技(北京)有限公司第三方支付平台、西联汇款的方式收取货款,截至案发时销售金额共计人民币1,923,825.96元。同年9月16日,广州市公安局海珠区分局经济犯罪侦查大队和广州市工商行政管理局海珠分局根据LV商标代理人举报,在进行联合执法检查时将被告人邱进甲、邱进乙抓获,并当场扣押一批涉案物品及假冒LV、GUCCI的各式商品,共计258件。经鉴定,共计价值人民币220,096元。广州市海珠区人民法院认为,被告人邱进甲、邱进乙销售明知是假冒注册商标的商品,销售金额数额巨大,其行为均构成销售假冒注册商标的商品罪。

该案的争议焦点为:本案能否认定为是单位犯罪?是否属于企业案件?本案中法院认为,被告人邱进甲、邱进乙以某才公司、某亿公司名义招募网络技术人员和网络销售业务员,随后在互联网上设立LV、GUCCI商品销售网站,利用网络技术向国外客户销售假冒注册商标的商品,此行为均是以公司合法形式掩盖非法目的的行为,是典型的公司设立后以实施犯罪为主要活动的情形,此类公司即使是依法成立,以公司名义对外经营,并实施部分合法经营活动的,也由于公司是以实施犯罪活动为主要业务,而不能认定为企业案件。[①]

然而,针对企业经营非正规业务的情形,需要区别认定,并非绝对不能认定为企业案件。在司法实务中,有些企业的主营业务是正规合法的,但是存在部分业务在实际开展过程中,并未遵循合法途径的情形,或者存在偶尔实施不法行为的情形,对于这种类型的企业可以认定为案件主体,不排除单位犯罪的适用。但是对于以实施违法犯罪为主要目的而设立或设立后以实施违法犯罪为主要活动的企业,即便偶尔开展正规、合法业务,一般也不将其认定为案件主体。上文分析企业案件特征时,对此也进行了特别强调,以非正规业务为主营业务的企业,实施不法行为的,一般认定为个人案件。

3. 分支机构、职能部门能否成为企业案件主体

我国刑法在认定单位犯罪时,并不要求单位需要具有法人资格。2001 年最高人民法院发布《全国法院审理金融犯罪案件工作座谈会纪要》,其中规定:"以单位的分支机构或者内设机构、部门的名义实施犯罪,违法所得亦归分支机构或者内设机构、部门所有的,应认定为单位犯罪。不能因为单位的分支机构或者内设机构、部门没有可供执行罚金的财产,就不将其认定为单位犯罪,而按照个人犯罪处理。"根据该司法解释规定所体现出的精神,企业的分支机构或职能部门,只要具有相对独立的经营权,可以独立对外以自己名义实施法律行为,并将违法所得归自己所有的,其实施犯罪行为同样能够被认定为构成单位犯罪,承担相应责任。

① 参见最高人民法院刑事审判一至五庭主办:《刑事审判参考》(2011 年第 1 集:总第 78 集),法律出版社 2011 年版,第 106 ~ 109 页。

4. 挂靠、承包情形下企业案件的认定

在司法实务中，经常会存在这样的情形：A 个人或 B 企业挂靠在 C 企业下从事生产经营活动，或者 A 承包人与 B 承包商与发包企业 C 签订承包合同。如果 A 个人或 B 企业实施犯罪行为，此时应如何认定案件主体？

在对上述情形案件主体进行认定之前，需要了解实际生产经营中“挂靠”与“承包”的运作模式。挂靠经营方式一般为：实施挂靠的个人或企业仅是借助被挂靠企业的名义实施生产经营活动，被挂靠企业并不实际参与具体管理，从事生产经营活动的人员、资金完全由挂靠的个人或企业自己负责，除向被挂靠企业缴纳一定数额的管理费外，其余盈利均归自己所有。然而，承包经营模式则包括两种不同情形，第一种是承包人可能是仅借用、租用发包企业的场地、设备，向其支付固定的承包费、租赁费等，经营情况则完全由承包人自己承担，发包企业并不参与实际经营，也不获得盈利分成；第二种是发包企业在发包期间实际控制经营，对企业的生产经营活动有所投入，并根据盈利情况按比例分成。

结合上文归纳的企业与个人案件的具体区分标准，即使 A 个人或 B 企业以 C 企业的名义实施犯罪行为，但是如果该行为并不是基于 C 企业的整体意志，也就是说，并非根据 C 企业决策流程，由 C 企业决策机构作出决定，且并非为了 C 企业谋取非法利益，而仅是为 A 个人或 B 企业谋取非法利益，则不应认定 C 企业为案件主体，只能认定为 A 个人构成犯罪，或 B 企业构成单位犯罪。例如，在实务中经常存在的，行为人以挂靠企业的名义，而向国家工作人员行贿这一情形，并不当然地认定为单位行贿罪。

案例：2009 年至 2011 年，上诉人刘某在负责工程招投标工作的原宜宾县发改局政策法规股股长赵某（已判）处获取工程招投标项目、招标底价、评价标准等内部信息后,通过挂靠四川通业建设有限公司中标了宜宾县古罗、月波等乡镇的安全饮水工程,挂靠成都三环金属制品有限公司中标了宜宾县安边镇等7个乡镇的安全饮水工程。为表示感谢,上诉人刘某于2009年、2013年在宜宾县柏溪镇蓝天花园赵某家楼下,分两次送给赵某现金,共计人民币13万元。2014年夏,因邹某受贿案发,赵某将刘某所送10万元现金退还给刘某。上诉人刘某为了与负责宜宾县农村安全饮水工程业主职责和施工监管的原宜宾县水务局总工程师、供水站站长邹某(已判)搞好关系,让邹某不依规监管其违规挂靠有资质公司、工程质量瑕疵等问题,在宜宾县财政局邹某家楼下,分两次送给邹某现金,共计人民币11万元。期间,其挂靠四川通业建设有限公司中标宜宾县古罗、月波等乡镇的安全饮水工程,挂靠华西德顿塑料管道有限公司中标宜宾县柳嘉、三合、发龙等乡镇的安全饮水工程,挂靠成都三环金属制品有限公司中标宜宾县安边等7个乡镇的安全饮水工程。法院认定,上诉人刘某为谋取不正当利益,违反国家规定,给予国家工作人员财物24万元的行为,已构成行贿罪。①

该案在主体认定时,考虑到行为人虽然挂靠在一些企业之下,但并非为企业谋取不正当利益,其所获取的非法利益均归属于行为人自己,认定行为人构成行贿罪,而非被挂靠单位构成单位行贿罪,属于个人案件,而并非企业案件。

5. 撤销或变更情形下企业案件的认定

相关司法解释对于企业撤销或变更后案件主体的认定作出了规定,最高人民法院在1998年发布的《最高人民法院研究室关于企业犯罪后被合并应当如

① 参见四川省宜宾市中级人民法院刑事判决书,(2016)川15刑终239号。

何追究刑事责任问题的答复》中规定:"人民检察院起诉时该犯罪企业已被合并到一个新企业的,仍应依法追究原犯罪企业及其直接负责的主管人员和其他直接人员的刑事责任。人民法院审判时,对被告单位应列原犯罪企业名称,但注明已被并入新的企业,对被告单位所判处的罚金数额以其并入新的企业的财产及收益为限。"最高人民检察院在2002年发布的《关于涉嫌犯罪单位被撤销、注销、吊销营业执照或者宣告破产的应如何进行追诉问题的批复》中规定:"涉嫌犯罪的单位被撤销、注销、吊销营业执照或者宣告破产的,应当根据刑法关于单位犯罪的相关规定,对实施犯罪行为的该单位直接负责的主管人员和其他直接责任人员追究刑事责任,对该单位不再追诉。"

由此可知,企业如果发生变更,仍旧以原单位资产及收益承担相应责任;企业如果被撤销,则因自身已经终止,而丧失主体资格,不再承担责任。但需要注意针对面临破产的企业,只有已经宣告破产后,才不能成为案件主体,而正在进行破产重整的企业,因并未清偿债务,清算还未完成,破产程序尚未终结,企业仍旧存续,依然可以作为案件主体,承担相应责任。

6. 个人独资企业、合伙企业能否成为案件主体

《中华人民共和国个人独资企业法》第2条将个人独资企业的概念界定为:"依照本法在中国境内设立,由一个自然人投资,财产为投资人个人所有,投资人以其个人财产对企业债务承担无限责任的经营实体。"由此可知,个人独资企业具有个人发展、个人经营、个人收益、个人承担风险,企业财产就是投资人个人财产等特点。[①] 个人独资企业因为不具有法人资格,且企业财产与个人财产混同,无法区分企业利益与个人利益,并不具有独立性,所以不能作为案件主体。个人独资企业实施犯罪行为的,按个人案件处理。

---

① 参见龚培华、徐亚之:《论单位行贿与个人行贿的司法认定》,载《上海政法学院学报(法治论丛)》2011年第6期。

但是,对于合伙企业能否成为案件主体这一问题,则存在分歧。有观点认为其可以成为案件主体,理由在于合伙企业是由合伙人共同投资设立,合伙企业的利益与某个合伙人的个人利益存在明显不同,其并非像个人独资企业一样无法区分企业利益与个人利益。但是,这种观点仅注意到了合伙企业与单个合伙人之间能够明显区分,却忽略了合伙企业与全体合伙人之间难以区分这一关键点。《中华人民共和国合伙企业法》(以下简称《合伙企业法》)第2条将合伙企业的概念界定为:"合伙企业是指自然人、法人和其他组织依照本法在中国境内设立的普通合伙企业和有限合伙企业。普通合伙企业由普通合伙人组成,合伙人对合伙企业债务承担无限连带责任……有限合伙企业由普通合伙人和有限合伙人组成,普通合伙人对企业债务承担无限连带责任,有限合伙人以其认缴的出资额为限对合伙企业债务承担责任。"由此可知,合伙企业与个人独资企业的主要差别在于投资人数量不同,但二者均没有独立性。根据上述归纳的企业案件主体要求及特征。企业的整体利益并不等同于各个成员利益的总和,而是相对独立于各个投资人、企业内部员工,且企业作为案件主体一般应具有独立的财产,能够独立承担相应责任。而合伙企业与个人独资企业一样,均不具备上述要求及特征。合伙企业在设立后,合伙人根据法律规定,对投资资产实行按份共有,合伙企业并不具有独立财产。而且,《合伙企业法》规定普通合伙人对于合伙企业债务承担无限连带责任,这均导致合伙企业整体利益与合伙人的个人利益难以作出区分。

对此,最高人民法院1999年发布的《关于审理单位犯罪案件具体应用法律有关问题的解释》第1条规定:"刑法第三十条规定的'公司、企业、事业单位',既包括国有、集体所有的公司、企业、事业单位,也包括依法设立的合资经营、合作经营企业和具有法人资格的独资、私营等公司、企业、事业单位。"由此可知,个人独资企业与合伙企业因不具有法人资格,而不能成为单位犯罪的主体,其实施相关危害行为构成犯罪的，应认定为个人案件。首先，该规定与《中华人民共和国民法通则》（该规定发布时，尚未出台《中华人民共和国民法总则》、《中华人民共和国民法典》）关于个人合伙企业法律主体地位的定位相符。其次，工商登记管理中，具有法人资格的有限责任公司与股份有限公司均作为企业法人进行登记，而对合伙企业的注册与此不同。最后，作为自然人犯罪处理，更能体现罪责刑相适应原则。具有法人资格的公司、企业对其债务均承担有限责任，合伙企业的合伙人需要以其所有财产承担无限清偿责任。[①]

案例：2005 年 5 月 31 日，被告人杨某秀、杨某坤、杨某其等人共同出资，以香港国际类风湿病研究院名义承包了私营合伙企业杭州华夏医院风湿科，由被告人杨某其等人负责具体事务的管理，由在漯河中心医院仅学习了两天技术的医生王某义到该院负责实施免疫平衡调节手术，治疗类风湿性关节炎、强直性脊柱炎。为进一步招揽患者，被告人杨某其征得被告人杨某秀同意，决定对外发布广告，杭州华夏医院负责人黄某敏在明知免疫平衡调节手术并非源于香港特别行政区，该广告内容虚假的情况下，同意杨某其等人以杭州华夏医院的名义通过电视台、报纸对外发布医疗广告。广告发布以后，共有杜某生等 38 名类风湿性关节炎、强直性脊柱炎患者于 2005 年 7 月至 11 月期间至杭州华夏医院接受了免疫平衡调节微创（或介入微创定位）手术的治疗。针对所涉 33 名患者，该医院不仅未达广告中所称的医疗效果，并不同程度地造成患者声音嘶哑等后果。经鉴定，共有朱某珍等 14 名患者伤残等级为九级。浙江省江干区人民法院经审理认为：被告人黄某敏、杨某秀、杨某坤、杨某其违反《医疗广告管理办法》中

① 参见潘水良、江勇：《虚假广告罪的主体认定》，载《人民司法》2009 年第 6 期。

> 广告范围仅限于医疗机构名称、诊疗地点、从业医师姓名、技术职称、服务商标、诊疗时间、诊疗科目、诊疗方法、通信方式的规定，在未取得有效医疗广告证明的情况下，通过媒介超范围向社会公众发布医疗广告；广告内容违反广告法的规定，并致使 14 名患者构成九级伤残，情节严重，其行为均已构成虚假广告罪。①

该案中，辩方提出了“公诉机关未指控杭州华夏医院为单位犯罪，剥夺了被告人对涉及杭州华夏医院相关证据的质证权”的意见，然而法院认为，经查，涉案证据均已在庭审中予以举证、质证，并已由各被告人充分行使了质证权利；杭州华夏医院系个人合伙私营企业，属自然人主体范畴，故此节意见不予采纳。

由此可以看出，司法实践中大量以单位名义实施犯罪的个体工商户、合伙企业、私营独资、合资企业，如果不具有法人资格，无论是否体现为组织的集体意志，根据罪刑法定的原则，均不能认定为单位犯罪。

① 参见浙江省杭州市江干区人民法院刑事判决书，(2007)江刑初字第 631 号。

第二节　促进合规不起诉

明晰了企业案件和个人案件的区分标准，刑事辩护律师就可以尝试促进合规不起诉的适用。一般情况下，企业案件被刑事办案机关立案侦查后，企业即开始面临侦查、审查起诉、审判的刑事诉讼全流程。在当前涉案企业合规改革试点工作中，人民检察院是对企业进行合规不起诉的启动者、考察者和决策者，即最初由检察院向涉案企业提出合规整改建议，启动刑事合规不起诉程序，但这并不意味着企业在启动阶段完全没有主动权。企业可以向办案机关，尤其是向检察机关提出刑事合规不起诉的合规整改申请，并辅之以企业符合合规整改条件的材料、初步合规计划、初步整改考评报告等附件，争取合规不起诉的主动权。在此阶段，律师可以帮助企业进行思路的规划与资料的整理，将应对企业涉刑案件的工作大大提前，不拘泥于从前的立案侦查之后甚至是审查起诉阶段可以阅卷之后，而是在刑事办案机关进行初查，律师通过自己的判断认为企业有大概率将会被追究刑事责任时，即可开展企业合规不起诉的工作，更能有效保护企业的权益，也使律师的工作更有可为，大大延伸了刑事辩护的时间和空间。

律师可以从以下几个方面，帮助企业向检察机关及承办检察官申请启动合规不起诉考察程序。

一、帮助涉案企业向检察机关合理表达合规意愿

律师在确定涉案企业有可能适用合规不起诉的制度后,则应尽快帮助企业表达合规不起诉的意愿,具体如下。

1. 建议企业认罪认罚

认罪认罚是适用企业合规不起诉制度的前提条件。现有制度改革中只有企业认罪认罚,才能让办案机关相信其存在合规整改的决心,有切实改变经营模式的可能,有弥合社会矛盾与恢复损害法益的机会,通过合规整改能够达到司法效果和社会效果统一的效果。因此,律师应当向企业负责人解释清楚,征求并确认其表明企业认罪认罚的态度,这是企业表达合规不起诉意愿的前提。

2. 建议企业负责人认罪认罚

我国单位犯罪实行双罚制,即在单位被定罪的情况下,单位被判处罚金刑,而对单位直接负责的主管人员和其他直接责任人员判处刑罚。因此,单位负责人、对犯罪直接负责的主管人员和其他责任人的认罪认罚态度也很重要,甚至是单位认罪认罚的决定性因素,也是日后企业能否进行有效合规整改的决定性因素。因此,与其说律师劝说单位认罪认罚,则不如说是律师劝说单位相关负责人认罪认罚,充分表明认罪悔罪与合规整改的态度。

3. 促成对被害人足额赔偿[①]或将行政机关罚款足额缴纳

认罪认罚不能仅表现为一种态度,如果单位犯罪存在被害人,或单位的犯罪行为已作为行政违法行为被行政机关处以罚款,如犯合同诈骗罪、逃税罪、内幕交易罪等,则律师应敦促企业向被害人足额赔偿,赔礼道歉,或足额缴纳行政罚款,以表明愿意弥补过错、接受整改的决心。

---

① 参见最高人民检察院《关于印发〈企业合规典型案例(第二批)〉的通知》,2021 年 12 月 8 日。

4. 引导企业开始内部调查与整改

在企业案件被移送刑事办案机关后，或有条件的企业在案件被行政机关调查之后，为尽快进行自力救济，就应当由律师牵头，与单位部分负责人成立危机应对调查小组，尽快查明企业案件发生的原因、制度漏洞所在、事故责任人等，作出相应处理，如填补制度漏洞，对事故责任人进行降职、停职甚至开除等处分，对此形成内部调查与整改报告。

以上认罪认罚过程、对被害人的足额赔偿或对行政罚款的足额缴纳单据与流水、内部调查与整改报告等，都应形成书面确定文件，呈递给检察机关，主动为检察机关的决策工作提供事实材料的支持。

二、促成企业多方面考评达标

除表达合规不起诉的意愿外，想要检察院启动合规不起诉的程序，企业还必须符合该制度的设计初衷——让有存在价值的企业不因刑事追责而停摆甚至破产解散。企业证明自身具备存在价值，可以从企业的经济影响力、经营团队的稳定性和合法性、犯罪社会危害性、承担社会责任情况、第三方意见等多方面着手进行考评，形成考评报告，书面呈递给办案机关。

1. 经济影响力考评

经济影响力是企业对经济社会发展的直接贡献，是企业具有存在价值的直接表现，是办案机关考虑是否对企业适用合规不起诉制度的首要考量。具有经济影响力的具体表现为：企业每年依法纳税的数额大、占当地财政收入比重较高；提供的就业岗位多；在特定经济领域处于带动当地发展的地位，如当地支柱产业、新型环保产业、高新技术产业；拥有多项自主知识产权、商誉、专有技术或商业秘密；符合国家或当地现行产业政策或未来产业发展趋势；经营状况对所在行业、上下游产业链及区域竞争力的影响较大。大型企业往往因其经济体量大、提供就业岗位多、产业支柱性质明显、自主创新能力强等因素,在经济影响力方面存在较大优势。

2. 经营团队的稳定性和合法性考评

经营团队的稳定性和合法性考评主要考察企业涉嫌犯罪是一时失足,还是积重难返。若企业及责任人员多年来已经习惯暴露于刑事风险下,则该企业的整改决心与效果难以被办案机关认可。企业经营团队具有稳定性和合法性具体表现为:企业及涉案直接负责的主管人员、其他责任人员并非失信被执行人,不存在失信状况;企业近 3 年不存在欠税情况,税务评级均在 B 级以上;企业未曾被列入经营异常;企业近 5 年未曾(因涉案行为)被行政机关行政处罚;企业及涉案直接负责的主管人员、其他责任人员近 3 年不存在(与涉案行为相关的)法律诉讼等。

3. 犯罪社会危害性考评

犯罪社会危害性考评主要考察企业涉案行为本身的偶发性、恶劣性、后果严重性,以及企业的补救措施。企业犯罪社会危害性较小的具体表现为:涉案情节相对较轻,影响较小;企业及涉案直接负责的主管人员、其他责任人员系初犯、偶犯;直接负责的主管人员和其他直接责任人员依法可能被判处 3 年以下有期徒刑、拘役、管制或单处罚金;涉罪企业及直接负责的主管人员和其他直接责任人员对主要犯罪事实无异议,且自愿认罪认罚;已按税务机关的要求补足税款、滞纳金及罚款;涉案行为不涉嫌危害国家安全犯罪、恐怖活动犯罪、毒品犯罪;涉案行为不属于未经国家或省金融监管部门批准,擅自从事金融业务或金融活动,给群众造成重大损失的情形;涉案行为不属于依法应当被判处 10 年以上有期徒刑、无期徒刑、死刑的情形;涉案行为未造成人员伤亡,或虽造成人员伤亡,但已取得被害人家属谅解,进行了足额赔偿;案件不属于社会负面影响大、群众反映强烈的案件;企业并非以犯罪所得作为主要收入和利润来源的;涉罪企业接受办案机关提出的合规考察条件等。

4. 承担社会责任考评

承担社会责任考评在于考察企业是否在追求经济效益之外,还热心社会公益,主动承担社会责任。该项并非促成企业合规不起诉的决定项,但却是加分项,在某种程度上,能够让办案机关对企业日后合规整改的态度进行预见。企业承担社会责任的具体表现为:企业为特定人群如女性、老年人、残疾人的就业贡献重要力量;曾多次为突发事件、贫困学校、贫困地区、抗灾救援捐款捐物;长期致力于本地公益事业;在当地带头安装企业污水处理等环保设备;企业及其负责人、涉案直接负责的主管人员和其他责任人员曾被评为先进企业、先进个人等。

5. 第三方意见考评

第三方意见考评是检察机关征求各方意见的重要参考,该四方意见分别从刑事侦查机关、行政主管机关、被害方以及外部的专家方入手,给检察机关启动合规不起诉程序添加助力。律师需要尽力帮助企业申请获得四项意见。第一,申请获得侦查机关意见,即律师向侦查机关出具表明企业合规整改意愿的文件,侦查机关在考察企业情况、阅读企业合规整改的报告之后,若是认为材料充分、意愿真实,则会在检察院征求侦查机关意见时,表达可以对该企业适用合规不起诉的意见。第二,申请获得行政主管部门意见,律师应积极推动企业向行政主管部门缴纳罚款、表达合规整改意向、出具合规整改报告,与行政主管部门充分协商,向检察机关表达可以对该企业适用合规不起诉的意见。第三,争取获得被害人及其代理人意见,律师应促进企业在向被害人赔礼道歉、积极退赔的基础上,取得被害人及其代理人的谅解,由被害人出具对企业的谅解书,或至少出具对企业退赔行为的情况说明。第四,寻求专家论证意见,律师可以代表企业主动组织刑法专家、刑事诉讼专家、合规专家、行业管理专家，重点评估该企业是否符合适用合规不起诉的条件，论证其合规整改的应然性与可行性，得出可以对该企业适用合规不起诉制度的专家论证意见。

三、代表企业与办案机关沟通

以上工作能否发挥功效，极大地依赖于律师代表企业与办案机关、第三方合规监管人等沟通的效果。律师需要在专业语言和通俗语言间搭建桥梁，使检察机关、第三方监管人等法律专业人员能够与缺乏法律专业知识的企业进行良性沟通，避免合规监管制度实施和合规整改工作开展的过程中存在误解意图、焦点模糊等问题。

在与办案机关的沟通中，存在一种特殊情况，即在案件处于侦查阶段时，促成检察机关提前介入侦查，提高其最终启动合规不起诉考察程序的可能性。公诉权为检察院所有，因而检察院是决定对企业适用合规整改、换取不起诉的决定机构。然而，在此之前，案件在侦查机关时，甚至在侦查机关前，律师就应当有所行动，向办案机关表达合规整改的意愿，并积极准备合规申请工作。实践中，案件侦查终结、移交审查起诉后，在办案期限的压力下，检察机关对案件参与程度低、了解少，对律师与侦查机关沟通成果的认可度就会降低，效果可能会有所折扣。如果律师能够在案件进入审查起诉阶段前，就促成检察院以合规不起诉为由，提前介入侦查，使得检察院充分参与案件办理，了解案情，监督侦查机关办案，则更能使合规不起诉的启动水到渠成。

第三节　推动有效合规整改

律师依托于专业服务能力，准确识别能够进入合规考察视野的潜在企业案件，积极劝说检察机关及承办检察官启动合规不起诉考察程序只是合规辩护成功的第一步。接下来，企业能否搭建切实有效的合规整改计划，能否真正把合规建设融进企业日常运营之中，能否去除病根并建立有效的专项犯罪预防机制，才是最终通过合规考察的关键。只有通过合规考察，涉案企业得到不起诉、减轻或者从轻处罚的结果，合规辩护才取得真正意义上的成功。

一、转变角色定位，发挥合规专业技能

基于涉案企业合规的刑事激励机制，一旦确认企业进入合规不起诉考察程序，刑事律师在企业及检察机关之间建立涉案企业合规连接的首要任务即已完成。下一步，为配合企业进行专项合规建设、搭建涉案专项合规体系，针对涉案企业已经出现的刑事风险事件，刑事律师可以基于专业的公司治理和法律技能直接转变为合规律师，将业务范围向前端扩展，发挥合规律师的组织、协助、监督等专业作用，帮助企业搭建合规体系，完善内部治理，并完成检查验收；也可以帮助企业引进专业合规团队力量，正视涉案企业合规管理涉及业务范围较广

的问题，打破传统刑事律师单打独斗的辩护模式，组建一支汇集法律、财务、审计、风险管理等方面专业人员的合规管理队伍，一起帮助企业建立具备针对性的刑事合规体系。无论是哪一种服务模式，其目的都在于提供更为专业的服务。需要说明的是，涉案企业合规需要提供的是与涉嫌犯罪相关的专项合规计划，而不是覆盖企业经营各方面的全面合规计划。律师必须基于专业能力诊断企业犯罪原因，并提出相应纠错方案，在此基础上，协助企业克服缺陷并真正实现有序经营、合规管理。

无论是刑事律师亲自操刀合规业务，还是借助专业合规律师团队，涉案企业的专项合规体系都应当包含以下步骤和方法。

二、专项合规体系的基本范式和步骤

对于涉案企业而言，打造有效合规计划，完成企业合规的有效整改，是通过检察机关合规验收的重点内容；对于检察机关来说，通过审查涉案企业的合规整改方案，针对企业制订的合规计划的切实可行程度，决定是否采取相对不起诉或者附条件不起诉模式，才能确保合规不起诉的信服力以及公平性。因此，在合规监督考察过程中，一套有效的合规整改方案，成为双方共同关切的问题，而涉案企业有效合规整改与企业日常合规体系搭建存在实际区别，为保证合规整改方案的针对性，需要律师结合企业特定合规风险进行量身打造，在引入基本合规整改要素的基础上，查找犯罪原因，进行制度纠错，以建立预防犯罪机制与有针对性的专项合规管理体系，避免“一揽子”、大而全的综合合规方案。具体来说，律师应从以下几方面为企业打造有效专项合规整改方案。

（一）坚定涉案企业决策层投入各种资源进行切实有效合规整改的决心

企业合规是企业严格自我管理、自我监督的新型治理方式，前期需要支付高昂的合规计划制订费用，而且可能导致企业丧失部分商业利益或商业机会等。如果涉案企业合规计划不能为企业带来长远的利益价值，恐怕不会有企业愿意为其投入时间、精力以及金钱。因此，合规律师需要剖析刑事合规能为企业带来的价值，让企业领导层权衡利弊，作出选择。一方面，因为无论合规整改如何进行，都需要企业根据自身情况进行调整。要让企业掌握主动性，必须强调高层承诺的重要性，从最高领导层（董事会及公司经营领导层）开始实施的合规文化，对于合规整改的有效性尤为重要。另一方面，坚定企业高层率先垂范的决心，有利于推进企业投入和配置足够的资源，确保合规整改落到实处，形成合规全流程的完整记录，帮助企业通过验收。

在劝说企业领导层接受合规程序，自愿进行整改的过程中，律师应注意两个方面：第一，劝说企业领导层必须放弃侥幸心理，并重点说明审查验收的实质意义和可能的整改效果。陈瑞华教授分享的一起“无效合规整改样本”，可以很好说明这一问题：L 公司系政府招商引资企业，因涉嫌非法占用农用地罪被移送检察机关审查起诉。2021 年 5 月，检察机关将该案纳入企业合规办案程序，并积极推动第三方监督评估组织对 L 公司制订的合规计划提出修改和完善意见，并对其遵守规定、履行承诺以及合规计划的执行情况进行全面考察、评估和验收。同时，检察机关也多次赴 L 公司查看合规计划落实情况，督促 L 公司积极整改。2021 年 7 月，经过近两个月的合规考察，第三方监督评估组织出具了考察报告，认为：虽然经过法律政策讲解，L 公司认识到其占用农地行为不符合土地管理法，但仍然认为自身受当地镇政府邀请进行投资建设没有过错，导致现场整改不主动；多名股东对吕某（企业法定代表人）的整改处理意见提出异议，但并未得到尊重，吕某的个人意见最终仍代表公司意见。企业合规计划中规定的完善内部决策程序、法务审核程序，加强与政府相关监管部门的协调配合等整改措施落实不到位，其申请适用企业合规程序的主要目的，是通过相关单位的协调,帮助其补办土地使用手续,企图将其非法占地行为合法化。在考察到期时,该公司既未办理用地合法手续,也未拆除违建的厂房,其违法占用农用地的行为一直处于持续状态。经综合认定,其合规考察结果为"不合格"。根据第三方监督评估组织的考察结果,检察机关依法对L公司提起公诉,同时向县自然资源和规划局发出公益诉讼诉前检察建议。2021年8月,法院采纳检察院提出的量刑建议,依法判处L公司构成非法占用农用地罪,判处罚金两万元,判处吕某有期徒刑7个月,缓刑1年,并处罚金8000元。随后,县自然资源和规划局在收到检察机关的检察建议后,对该公司作出行政处罚。[①]检察机关启动合规考察并不意味着一定对企业决定不起诉,合规律师需要向企业高层说明实质合规对通过验收的决定性意义,避免企业因领导层缺乏重视而导致"不合规""纸面合规",进而无法通过合规考察的现象。

第二,给予企业领导层关于申请合规整改的具体建议。合规律师不仅应帮助企业领导层坚定有效合规的决心,而且应协助其准备合规申请材料,尽早自行开展合规整改工作。即便企业不能顺利通过检察机关的审查,也可以将企业现有合规整改的实质内容组织为证据进行提交,证明涉案企业已将合规内化为管理机制,并形成内在生产力,行使陈述和申辩的合法权利。在此过程中,律师的合规工作分为两大类。

一是协助企业领导层从上而下培养合规文化。实践中,可以通过合规宣传、培训、以考促学、模范榜样与示范教育等多种方式,将合规观念与意识渗透到员工工作的方方面面。例如,中兴公司的合规文化建设经验就非常值得借鉴。2018年,中兴公司与美国商务部工业与安全局达成替代和解协议之后,中兴公司积极开展合规文化建设。公司管理层为表达合规建设的决心,在公司日常运营过程中加大合规管理的资金投入,持续开展全员合规培训,倡导全员监

---

① 参见陈瑞华:《什么是无效的合规整改》,载《民主与法制》周刊2022年第3期。

督、内部举报文化以及多方位的外部合作。在中兴公司的不断努力下,“以合乎道德的方式代表公司从事业务”已成为每一位员工的义务,完善有效的合规体系也成为中兴公司的竞争优势。[①] 而且,通过领导层的示范作用,可以自上而下引导员工规范行为。例如,领导层带头签署合规文件,亲身积极参与合规培训、会议、论坛等,学习合规、遵守合规。同时,管理层也可以在亲身实践中发现合规工作中的不足,及时从上层发起调整。

二是推动企业领导层投入合规资源。正如前文一直强调的内容,有效合规整改的重要体现就是实质整改、针对性整改。真正投入落实合规计划,意味着将会产生合规成本,但是,律师应及时告知企业,应将合规成本视为企业发展的必要支出,并保持足够的预算。首先,领导层应保证有足够的时间投入,针对企业合规计划持续参与、长期重视;其次,领导层应组织建立专门、独立的合规部门,在组织架构上保证合规部门与领导层之间的直接沟通联络机制;再次,根据组织形式,领导层应设置相应合规岗位,并招聘专业的合规人员,便于合规律师工作开展,也能内外联动为公司员工提供持续更新的合规培训;最后,在资金投入上,领导层应当组织定期的合规资源和规划会议,了解合规工作的资金投入和使用情况,并根据需要及时作出调整决策。

完成上述两部分的工作,合规律师则可以通过领导层的合规承诺和实际投入,为整个企业合规计划的工作开展注入能量。

(二)开展专项合规整改前的尽职调查

完整的合规整改方案需要诊断企业犯罪原因,并从根源作出针对性的努力,确定合规计划的整改方向。合规律师所开展的合规整改前的尽职调查,既不同于非诉案件中为确保正常经营范围的“大而全”的尽职调查,也异于申请

---

① 参见陈瑞华:《中兴公司的专项合规计划》,载《中国律师》2020 年第 2 期。

检察机关启动合规考察,主要为了解企业发展前景、经营现状及社会评价等的前置性条件的审查。面对已经被纳入合规考察视野的涉案企业,合规律师需要通过整改前的尽职调查工作,全面识别导致企业犯罪的治理漏洞和缺陷,为建立具有针对性、可行性的合规管理体系提供助力。

以下对合规整改前尽职调查的常规流程进行简要列举,具体每一案件的实际操作步骤可在个案中进行删减与调整。

第一,了解企业背景。这一阶段,律师需要帮助企业对其日常的经营业务范围、特点、开展方式、监管法律及部门,企业所属行业分类、行业特点,社会和文化环境等企业背景进行详细的调研,确定企业在日常经营过程中面临的外部问题,实现对合规外在风险的定点防范。

第二,进行案情初查。结束对企业经营发展的外部环境的摸查后,接下来,律师应调整方向,重点挖掘企业治理缺陷的根本原因,从了解企业运营模式、涉案人员的基本情况入手,查找案件相关资料,固定案件信息、业务资料等。此类文件包括但不限于企业业务的相关合同文本、企业供应商及客户名录、公司财务账册等。同时,也可以结合大数据检索,引导企业对自身开展法律风险评估。律师尤其要重视合规尽职调查中人员访谈的作用,因为调查的核心在于探寻事实真相,当企业陷入刑事追索,或多或少都会出现治理漏洞,合规律师若能以刑事实务思维按照违法要件、归责原则、证据规则等思路,制订详尽的调查问卷,并根据问卷内容与关键人员进行访谈,则可能通过受访者的现场回答情况以及不同受访者回答中的焦点,有效地挖掘可疑问题,充分摸查企业运营违法违规行为发生的漏洞源头。

最高人民检察院发布的两批 10 个涉案企业合规典型案例中具体涉及环保、财税、反贿赂、招投标、知识产权、重大责任事故、走私等企业和经营者十分关注的问题,可重点归结为反商业贿赂、市场交易、安全环保、财税管理、知识产权等问题。针对反商业贿赂合规，需要结合企业所处的行业特点、企业自身商业模式和内部运营体系进行尽职调查，重点关注内控制度、合作伙伴管理，以及重点人员、重点岗位等方面是否建章立制。例如，对于业务相关的礼品、款待、娱乐及差旅的规定和实际操作，如限额及审批权限等；对于企业交易方，包括供应商、经销商、渠道商等市场行为的总体规定，如高交易风险的应对、支付费用前的审计调查等；对于企业内部的特定业务行为，包括采购、招投标、费用报销、项目执行与支付的审核、投资管理等。[①] 针对安全生产合规，可根据新出台的《中华人民共和国安全生产法》相关要求，在对涉案企业进行合规尽职调查时，重点关注企业是否具备生产、经营等相关业务的资质，是否持续具备该资质认证所需要的条件，以及企业经营是否超越相关安全生产许可范围，供应商、经销商是否取得资质或认可，企业从事某项目是否通过安全条件审查、是否出现安全生产事故以及事故发生的严重程度等。具体而言，因安全生产的范围很广，需要合规律师厘清企业的行业地位、规模，重点从事的生产业务，以小见大，突出细节。

第三，出具调查报告。律师应撰写全面的调查报告，报告内容应当包括调查的事实情况及依据、法律法规及政策现状、存在的合规问题分析及评估。由此，针对企业经常发生的合规风险确认合规范围，并对应性地制订合规改进方案，这是刑事合规整改的重中之重。

（三）重点打造合规整改计划

对于合规计划的打造，检察机关一般要求有的放矢，确保合规计划的针对性和实效性，让合规计划“治标更治本”。回归涉案企业合规的本质，建立合规

---

① 参见尹庆、申鸣阳：《跨境并购中反腐败专项尽职调查》，载金茂律师事务所网，http://www.jinmao.com.cn/cn/researchdetail.aspx?id=3109，2023年4月3日访问。

制度的现实目的在于发现犯罪行为后，律师能帮助企业采取合理步骤应对犯罪，并在定期评估的过程中逐步进行完善。因此，律师应帮助企业合理地设计合规体系，并保证其能有效落实和执行。一方面，搭建“合规共性”，包括针对与犯罪有密切联系的企业内部治理结构、规章制度、人员管理等方面存在的问题，制订可行的合规管理规范，构建有效的合规组织体系，完善相关业务管理流程，健全合规风险防范报告机制，弥补企业制度建设和监督管理漏洞等；另一方面，体现“合规个性”，打造各项罪名的具体合规指引。

第一，共性部分的合规计划搭建应至少包括以下七个主要方面。

一是建立企业合规管理文件。通过刑事合规调查已然发现的风险，需要构建制度对其进行控制。一套良好的合规管理文件主要包括合规章程、员工手册、合规建设手册等，这些文件能在日常合规事务中带来诸多益处。首先，作为表明企业和经营者对合规整改的承诺以及合规所需资源的支持，清晰明确的文件能阐述企业组织成员需要遵守的合规方面的最重要的原则；其次，作为一套事务决策的程序，这些文件可以将合规要求融入组织成员的日常事务；最后，即使合规整改考察期结束，在日常的经营来往中，企业合规文件也能帮助企业对普通业务往来中的各项合规表现进行评价。合规行为准则的有效制订和传播，也有利于企业基于此获取相应的不起诉的“合规整改红利”。

二是设立专门的刑事合规管理部门或搭建合规组织架构。最高人民检察院公布的第二批6起企业合规典型案例之四——随州市Z公司康某某等人重大责任事故案中，第三方组织指导涉案企业结合事故调查报告和整改要求，按照合规管理体系的标准格式制订、完善合规计划，并建立以法定代表人为负责人、企业部门全覆盖的合规组织架构。结合《中央企业合规管理指引（试行）》的规定，在搭建企业合规的组织体系的过程中，需要从企业内部任命合规负责人，该合规负责人需要保证权威性的同时兼顾专业化。以中兴公司为例，中兴公司已形成一个由多部门、多层级组成的较为完备的体系。在合规管理委员会的领导下,各业务单位、合规专业部门与合规稽查部门各司其职,协调配合,构成中兴公司合规风险管理的三道防线。针对不同的法律风险,其合规专业部门又进行了具体划分,并在各业务部门设立了相应的合规联系人,以此实现内部合规体系的有效运作。①

三是建立风险识别机制。刑事合规体系所具备的识别风险功能系通过运用不同的识别方法,根据企业所处行业的特点、自身需求等情况,定位企业可能会面临的刑事合规风险,并帮助企业管理风险、处置风险。在涉案企业合规中,因企业已经暴露风险,合规律师可以针对案件涉及罪名进行深度挖掘,确保针对周边风险,企业能有效自主识别,避免走上承担法律责任的道路。

四是建立涉案企业合规制度的培训机制。在建立企业合规体系时,还要将合规融入企业的核心价值观、企业文化之中,让员工潜移默化地遵守企业的合规制度。经验表明,企业合规的过程,最终归结为企业合规文化的建设过程。但是,作为商业活动的经营者,一般企业会以营利为首要目的,在极端案例中甚至出现“考核指标唯业绩论”“业绩高于一切”的企业氛围,此种情况极不利于培养以诚信、守法为基本内涵的合规文化。正如被视为“合规无罪抗辩第一案”的雀巢公司案件,雀巢公司的6名员工为了抢占市场份额,通过支付好处费等不正当手段,多次从多家医院非法获取数万条个人信息。在案件审理过程中,员工抗辩其系为了完成公司的工作任务而犯罪,由此主张构成单位犯罪。最终,法院认定:“雀巢公司政策、员工行为规范等均证实,公司禁止员工从事侵犯公民个人信息的违法犯罪行为。员工违反公司管理规定,为提升个人业绩

---

① 参见陈瑞华:《中兴公司的专项合规计划》,载《中国律师》2020年第2期。

而实施犯罪的,属于个人行为。”①虽然雀巢公司成功避免被刑事追责,但是,缺乏合规文化支撑、员工合规意识匮乏的企业合规管理是没有生命力的,这也是雀巢公司因员工行为被卷入刑事评价的重要原因。诉讼中,雀巢公司向法院提供了企业合规制度,以及员工接受合规培训的承诺函,证明公司已建立合规管理体系,明确禁止员工向医务人员支付费用获取公民信息,“幸运”地免于被追责处理,但更多情况下,一旦无法证明公司已形成良好的合规文化氛围、合规管理意识,将不能作为减轻涉案企业刑事责任的正当事由。

五是建立违规问责与举报激励机制。明确违规责任范围,细化惩处标准。同时,企业应当畅通举报渠道,针对举报、反映的问题,及时展开调查,如有违规行为的,尽快追究违规人员责任,并及时做好违规人员与企业的风险隔离,结合企业实际情况,用好“吹哨人”制度。

六是建立刑事合规风险的应对机制。企业即便已经通过刑事合规尽职调查,对刑事合规风险问题作出了识别,并制定了较为完善的刑事合规管理制度,但仍可能由于制度落实不到位,或员工刻意规避制度,而导致企业面临刑事风险。因此,完善的企业刑事合规治理制度还要建立危机应对机制,能够在违法违规事件发生时,妥当处理、实施奖惩。

七是建立刑事合规循环运行机制。企业刑事合规制度建立后,并不意味着企业就已具备完善的刑事合规体系,企业要及时对合规制度进行评价分析,发现合规制度施行过程中存在的问题,并不断完善企业刑事合规制度,使刑事合规的运行形成一个良性的循环。这一部分也构成了合规整改完成后,企业保持持续性反馈的重要内容。

第二,个性部分的合规计划搭建,应以涉案具体罪名或者涉案企业所处的

---

① 参见辜鸿鹄、胡沁:《浅析企业合规不起诉下的企业与个人责任分离》,载北大法宝网 2022 年 3 月 3 日,https://dllx.pkulaw.com/lawfirmarticles/4031a6955b62776c43a1185b1021492fbdfb.html。

行业为准，进行有针对性的制度纠错，建立专项合规体系。例如，针对税收类犯罪，律师就应协助企业建立税收合规体系；针对污染环境类犯罪，企业应建立环境资源保护合规体系；针对串通投标、非法经营等方面的犯罪，企业应建立市场秩序合规体系等。

举例来说，针对发票类犯罪，个性部分的打造计划可以包括：一是根据发票类犯罪的刑事风险形成风险清单；二是识别企业税务管理不规范之处，形成企业税务管理自查报告；三是落实企业税务专项合规，具体包括税务合规管理制度、税务合规行为准则、税务合规培训与考核、税务领域和岗位重点监测等。如此，企业才能有效实现"去发票类犯罪因素化"的效果，实现事后合规的目的。

（四）引领企业落实合规计划

犯罪发生后，企业要想做到有效合规整改，需对已提交的合规整改报告中体现的漏洞和隐患作出实质性的修复和消除。合规律师应在前述工作的基础上引导企业运行并不断完善，切实将合规整改计划落到实处。

第一，加强公司全体人员对于企业合规价值观的认同和遵循，必要时，形成量化目标，可以按照不同部门、不同岗位、合规风险内容、风险等级发生频率等进行设计，与员工绩效等实质利益进行绑定，鼓励员工切实宣贯"人人合规"的价值和概念，为全体人员正确行事提供基本的判断原则，并积极以此对第三方公司提出合规管理要求。

第二，把握企业经营发展与合规整改之间的动态平衡。一方面，针对企业性质、规模的不同适用不同的合规整改计划，掌握公司对合规治理的承接能力和资源条件。比如，针对大型企业可以全面适用合规管理体系，确保其实现可持续发展，而对中小微企业，为保证其继续生存，恢复正常的生产经营，可以提供简便可行的整改版本，对与企业经营发展不适宜的部分进行调整。另一方面，分阶段落实合规计划，从细节处打磨合规计划，使其更好地跟正常的生产经营行为进行磨合，避免因不合适的合规计划影响企业经营发展。对此，律师可以建议企业采取“穿透式”监管方式，将合规检查点嵌入具体业务流程之中。比如，燃气公司就可以集中在生产、采购、销售、物流、财务、雇佣、投资等方面进行监管，针对突发事件、自然灾害等也可制订专门合规计划，一旦发现计划不适配，立即调整并不折不扣地进行执行。

第三，执行完成合规整改计划并形成可供追溯、可供验证的合规证据，帮助企业进行验收。这一阶段，律师可从四个方面整合合规工作结果证据：一是留存在企业内部进行全员合规宣贯与培训的有关证据；二是收集企业进行涉案问题纠正、减少外部影响等积极整改工作的证据；三是切实形成预防同样或类似违法犯罪发生的长效机制，针对涉案问题所在业务领域、管控漏洞等对应形成文件化的证据；四是举一反三完善其他重要业务领域管理漏洞，形成降低企业其他重要业务领域违法犯罪发生概率的管理体系，对应形成的证据。

（五）帮助企业通过合规验收

根据第三方机制的运行规则以及合规整改的评估验收程序，涉案企业合规的评估验收关键在于：一是涉案企业合规计划以及履行情况能否得到第三方组织的验收认可；二是第三方组织合规考察报告和涉案企业合规计划、定期书面报告等合规材料，能否进一步通过检察院的验收。通过合规验收是企业有效整改的重要体现，虽然目前实务界对合规评估标准存在争议，但从律师角色出发，应重点把握合规工作成果的验收，律师主要协助企业证明自己已经完成有效合规，配合检察机关检查企业合规整改计划已达成设定的目标，帮助第三方监督机构收到积极且真实的合规整改反馈。具体地，合规律师应积极承办以下两方面的工作。

第一,形成定期的书面报告。律师应持续性、经常性地向检察机关、第三方组织报送合规整改计划的落实情况。尤其在合规考察期内,合规律师应协助涉案企业定期向第三方组织书面报告合规计划的执行情况,并配合第三方组织对合规计划履行情况的检查和评估。在合规考察期届满后,合规律师可以发挥主观能动性,协调第三方组织进行全面检查、评估和考核,并制作符合实际情况的合规考察书面报告。

第二,注重现场考察的作用。现场核查和验收是十分必要的,合规律师可以根据阶段式的合规计划落实情况,邀请检察机关、监督机关切实感受企业变化,用场景感、体验感交织的现场工作,真实而准确地报告合规整改的考察情况,以便相关人员查证验收,正确引领合规审查的进度,保证企业整改验收合格。

(六)建立持续性反馈机制

综上所述,针对个案犯罪行为,以专项、定向预防犯罪风险为目的,合规律师需要制订具有针对性的合规管理机制,并协助检察机关就该等机制是否可以有效防范相关犯罪以及预防犯罪的效果进行验收。接下来,通过建立有效的合规保障机制,律师可以帮助企业通过惨痛的被追诉的教训,真正将合规作为习惯,深刻认识到企业合规管理的重要性,刑事合规是企业经营的底线。

一方面,律师应监督企业实现有效的日常性合规管理,视情况可以帮助企业建立有效的日常性合规管理体系,通过常态化的合规管理体系建设,对于企业可能发生的违法犯罪事件以及相应的合规风险进行及时有效的识别、监控、预防,实现企业的自我完善和改进。

另一方面,合规律师也可以针对重要业务领域,以及容易违法违规的业务行为,建立企业自行改进的动力机制,协助企业找到最优处置方式。如前述建立刑事合规循环运行机制的内容，随着对具体风险的深入掌控，合规律师可以引导企业逐步提高对风险的细节要求和感知程度，定期对风险数据库进行更新，提高风险库的使用效率，同时明确企业领导层以及全体员工需要遵守的实质性法律义务，并保持实时动态更新。比如，针对企业采购事项，可以建立包括成本分配、信息披露、利益冲突、招投标、获取信息、劳务费用、产品补贴等业务线上可能产生的具体项目的流程化监控、测试和预警提示风险库，最后实现即使没有合规律师参与，一旦出现触发合规义务的行为，企业也能够有效自查并整改，真正做到有效的持续性反馈。

有效的合规整改离不开各方的努力，上述各部分内容有机组合、相互互动，可以将刑事风险事件对企业的影响降到最低，甚至使其免受刑事风险事件的影响。

第四章

律师如何做好企业合规监管人

在诸多新兴的合规相关业务中，律师担任第三方监管人是最具有挑战性的，因为相关法律制度仍处于探索和完善阶段。目前，社会各界对于第三方监管人所属的角色、发挥的功能、承担的职责等仍存在争议。本章将从我国第三方监督评估机制的既有规定入手，阐释律师应当如何担任第三方监管人。

第一节　第三方监督评估机制的国内形态

第三方监督评估机制是我国在合规试点改革中发展起来的具有中国特色的合规监管机制，是合规监管人制度本土化的产物。我国的第三方机制随着2020年合规监管试点工作的落地而开始构建，目前正处于起步阶段，在我国有着巨大的发展潜力与广阔的发展空间。

一、第三方监督评估机制的雏形

2020年，最高人民检察院启动涉案违法犯罪依法不捕、不诉、不判处实刑的企业合规监管试点工作，在全国确定了6个基层检察院作为试点单位。时任最高人民检察院检察长张军在企业合规试点工作座谈会上指出，企业合规承诺想要落实落地，就必须建设好、使用好第三方监管机制。合规监管制度在我国基层检察院试点以来，由各地检察院开辟出了不同的监管模式，并逐渐在实践中得到完善，最终实现了第三方机制的初步框架构建。

（一）实践探索

自2020年企业合规改革试点开展以来，各地试点创造性地探索出了不同的企业合规监管模式。在第三方监督评估机制建立的摸索过程中，各试点地区初步呈现了三种不同的监管模式：以深圳市宝安区为代表的独立监控人模式；以宁波市为代表的行政机关监管模式；以上海市金山区为代表的管委会指导下的第三方监管人模式。

1. 独立监控人模式——宝安模式

2020年8月，深圳市宝安区司法局印发《关于企业刑事合规独立监控人选任及管理规定（试行）》，其第2条规定：企业刑事合规独立监控人，是指受犯罪嫌疑企业委托，对企业刑事合规情况进行调查、规划、监督的律师事务所。该规定将合规监管的责任交给了律师事务所，由律师事务所承担独立监控职责，并由区司法局和区检察机关对独立监控人进行监督管理。宝安模式中确立了名录库制度，独立监控人从律师事务所中选任并纳入名录库，名录库由区司法局协助区检察院建立并定期更新，确定拟选任名单后还应向社会公示，该制度的确立保证了独立监控人的专业性。

但作为试点实践之一，宝安模式所确立的独立监控人制度仍有尚未完善之处。其最大的问题在于，若涉案企业对于合规监管考察的结果有异议，无法通过有效渠道进行救济，同时，对于独立监控人行使合规考察职能时，是否能够客观公正地履职，亦缺乏有效的监督机制。

2. 行政机关监管模式——宁波模式

2020年9月，宁波市检察院出台《关于建立涉罪企业合规考察制度的意见》，在合规考察上引入行政监管手段，将考察期间对涉罪企业合规建设情况的考察主要交由相关行政主管部门负责。[①] 此类模式以行政机关作为监管人，实现行政执法与刑事司法的衔接，行政机关作为第三方力量参与到企业合规监

① 参见孔令泉：《浙江宁波检察机关试水涉罪企业合规考察制度》，载《民主与法制时报》2020年9月27日。

管中，以行政机关的监管考察结果作为检察机关作出最终决定的参考，是第三方监管机制构建的初步探索。

但该机制未解决行政机关与涉案企业之间的关系问题，亦未对行政机关监管的具体职责和范围作出明确限定，在实践过程中，行政机关往往既是监管机关又是执法机关，其身份定位与工作衔接存在问题。①

3. 第三方监管人模式——金山模式

上海市金山区检察院制定出台《上海市金山区人民检察院试行企业合规工作办法》，并联合区司法局共同会签《关于企业合规第三方监管人遴选、选任、管理的暂行规定》，建立标准化规范化工作流程，确保第三方监管人依法履行职责，更好促进企业依法依规经营。金山区检察院联合区司法局、区工商联牵头成立企业合规监督管理委员会，由区公安局、区法院、区税务局、区市场监管局等10家单位作为委员会成员，联合制定《上海市金山区企业合规监督管理委员会章程》，共同负责对第三方监管人的工作进行指导、监督，切实保证合规监管的有效性和权威性。②

金山模式形成了管委会指导下的第三方监管人模式，该模式成功建立起“检察机关—管委会—第三方监管人—涉案企业”的架构，即消解了行政机关既当监管者又当执法者的弊端，也改变了独立监管人缺乏再监督的制度缺陷。金山模式的出现进一步解决了涉案企业权益保障、企业合规实质验收、第三方监管人履职监督等问题，成为第三方监督评估机制的雏形。

---

① 参见谈倩、李轲：《我国企业合规第三方监管实证探析——以检察机关企业合规改革试点工作为切入点》，载《中国检察官》2021年第11期。

② 参见金山检察：《如何打造企业合规的“金山样本”？这场新闻发布会告诉你》，载澎湃新闻网2021年3月30日，https://www.thepaper.cn/newsDetail_forward_11961631。

（二）初步定型

2021年6月，最高人民检察院联合司法部、财政部等八部门发布的《第三方机制指导意见》正式将第三方监督评估机制以全国性的司法文件作出了定义。其后，各地区检察机关也相继制定发布了关于第三方监督评估机制的相关文件，例如，深圳市人民检察院印发施行《企业合规第三方监督评估机制管理委员会及第三方监控人管理暂行规定》、宁波市人民检察院印发实施《关于建立涉案企业合规第三方监督评估机制的实施办法（试行）》、上海浦东新区人民检察院印发实施《上海自贸区涉案企业合规第三方监督评估组织运行管理实施办法（试行）》、广东省佛山市南海区12家单位联合印发《南海区涉案企业合规第三方监督评估机制工作办法（试行）》等。各地颁布实施的有关第三方监督评估机制的相关制度文件，既体现了最高人民检察院发布《第三方机制指导意见》的合规改革精神，又结合了各地关于涉企合规的本土现状。2021年11月，最高人民检察院联合司法部、财政部等八部门印发《〈关于建立涉案企业合规第三方监督评估机制的指导意见（试行）〉实施细则》和《涉案企业合规第三方监督评估机制专业人员选任管理办法（试行）》。至此，第三方监督评估机制的构建框架在我国初步定型。

根据《第三方机制指导意见》的规定，第三方监督评估机制是指检察机关在办理涉企犯罪案件时，对符合企业合规改革试点适用条件的，交由第三方监督评估机制管理委员会选任组成的第三方监督评估组织，对涉案企业的合规承诺进行调查、评估、监督和考察。第三方机制适用于公司、企业等市场主体涉及的犯罪案件，其对象不仅包括犯罪单位，也包括实施与生产经营活动密切相关犯罪的自然人。对于涉企犯罪案件，认罪认罚、具备启动第三方机制的基本条件、自愿适用第三方机制的相关主体，试点地区检察院可以根据案件情况启动第三方机制，开启企业合规程序，并以监督评估结果作为处理案件的重要参考。

（三）深度推进

2022 年 4 月，最高人民检察院、司法部、财政部等九部委又专门就针对涉案企业合规建设、评估以及审查所涉及的具体工作内容出具了专门的指引性办法——《涉案企业合规建设、评估和审查办法（试行）》（以下简称《涉案企业合规办法》）。《涉案企业合规办法》的出台是我国推行涉企合规制度道路上的又一大跨步，基于并针对已经实施的《第三方机制指导意见》，《涉案企业合规办法》的颁布更明确、详尽地为涉企合规制度中各方主体如何履职、履职标准以及履职效果进行了切实可行的指导。

在《涉案企业合规办法》中，对于第三方监督评估机制作为涉案企业合规制度中监管主体的职责、履职方向和目的方面，落实了相较于《第三方机制指导意见》更为直接、全面、详尽的内容规定。对涉案企业的合规评估工作，是基于第三方监督评估组织作为评估主体，以“对涉案企业专项合规整改计划和相关合规管理体系有效性进行了解、评价、监督和考察”为评估内容的系统性工作流程。同时，《涉案企业合规办法》专章规定了涉案企业合规评估的工作，主要从评估范围和方向、评估指标设置和重点，以及评估目的等方面进行了明确指引。根据《涉案企业合规办法》的要求，第三方组织在具体进行涉企案件的监督评估履职过程中，应当重点评估的合规内容包括：(1)对涉案合规风险的有效识别、控制；(2)对违规违法行为的及时处置；(3)合规管理机构或管理人员的合理配置；(4)合规管理制度建立以及人力物力的充分保障；(5)监测、举报、调查、处理机制及合规绩效评价机制的正常运行；(6)持续整改机制和合规文化已经基本形成。此外，《涉案企业合规办法》还提出要结合企业的实际情况确定具体的评估指标体系，通过有所侧重、因地制宜的方式实现第三方评估机制的个案效果。

二、第三方监督评估机制的主体定位

从《第三方机制指导意见》的文件精神来看，第三方机制涉及四个主体，即检察机关、第三方机制管委会、第三方监管组织以及涉案企业。其中，检察机关为合规程序的启动者，涉案企业为合规程序的整改对象与监管对象。而第三方机制管委会以及由第三方机制管委会选任的第三方监管组织，则是真正承担第三方机制的监督评估职能、保证第三方机制顺利运转的重要主体。在宏观层面上，第三方机制管委会承担统筹指导、宏观规划的职能，其成员单位包括最高人民检察院、国资委、财政部、工商联以及税务及市场监督管理部门等，工作职责聚焦于对统筹性、规范性文件及标准的制定，以及对相关重大法律政策的研究论证。从微观来看，在具体企业合规案件中，由第三方机制管委会成立第三方专业人员名录库，根据不同的案件，从名录库中抽取专业人员形成第三方监管组织，承担对涉案企业合规整改进行检查、评估及考核的监管职责。(见图 8)

《〈第三方机制指导意见〉实施细则》进一步明确了第三方机制管委会与第三方监管组织的主体功能定位，从宏观和微观、全局和个案的维度上，对两个主体的职责范围作出了明确的划分，对第三方监督评估机制的运行程序作出了清晰的规定。在此基础上，各主体各司其职，推动第三方机制的良好运转。

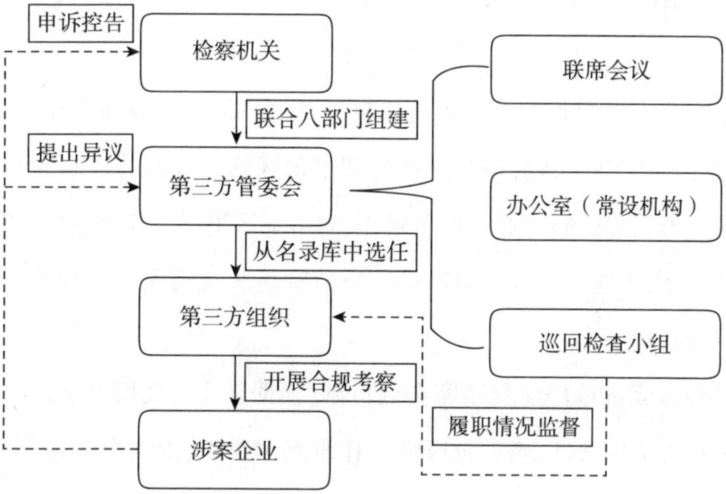

图8 第三方监督评估机制主体职能定位

（一）第三方监督评估机制管理委员会——全局统筹

根据《第三方机制指导意见》以及其实施细则，第三方机制管委会发挥着宏观上的统筹作用，注重实现合规制度、监管机制的全局协调。其运行架构中包括中央及试点地方的第三方机制管委会、各成员单位建立的联席会议机制、管委会常设机构办公室、办公室牵头组建的巡回检查小组等，从宏观政策研究制定、专业监管人员选任、日常工作监督检查等方面，为企业合规试点工作保驾护航。

中央第三方机制管委会由最高人民检察院、国务院国有资产监督管理委员会、财政部、全国工商联、司法部、生态环境部、国家税务总局、国家市场监督管理总局、中国国际贸易促进委员会等部门组建，负责纲领性、标准性制度体系的制定，制定第三方监督评估机制相关规范性文件，论证有关重大法律政策问题，制定专业人员名录库入库条件和管理办法等，对试点地方第三方机制管委会和第三方监管组织开展日常监督和巡回检查，统筹协调全国范围内第三方机制的工作安排。

地方第三方机制管委会由当地检察机关、国资委、财政部门和工商联等有关单位结合本地实际组建，负责统筹协调本地区第三方监管机制的具体工作，建立本地区第三方机制专业人员名录库，对本地区第三方监管组织及其成员进行管理考核，组建巡回检查小组对第三方监管组织及其成员进行监督检查，并作出相应处理。

管委会各成员单位建立联席会议机制，根据工作需要召开会议，研究有关重大事项和规范性文件，确定阶段性工作重点和措施，推动企业合规改革试点的第三方机制相关工作的顺利开展。同时，管委会下设办公室作为常设机构，承担管委会日常工作，督促联席会议确定的工作任务的落实，负责第三方机制专业人员名录库的建立选任、日常管理等。

（二）第三方监督评估组织——个案考察

与第三方机制管委会所发挥的宏观统筹作用不同，第三方监管组织是在个案中，由管委会在名录库中随机选任专业人员，从而组成的临时性监管组织。第三方监管组织对涉案企业进行合规监管，承担调查、评估、监督和考察职能。根据最新出台的《涉案企业合规第三方监督评估机制专业人员选任管理办法（试行）》（以下简称《选任办法》）的规定，第三方监管组织的主要组成人员包括律师、注册会计师、税务师（注册税务师）、企业合规师、相关领域专家学者以及有关行业协会、商会、机构、社会团体的专业人员。除此之外，行政机关的工作人员也有可能参与到具体的合规监管工作中，例如，生态环境、税务、市场监督管理等政府工作部门中具有专业知识的人员可以被选任确定为第三方机制专业人员，或者可以受第三方机制管委会邀请或者受所在单位委派参加第三方监管组织及其相关工作。

《第三方机制指导意见》及其实施细则中，详细完整地规定了第三方监管组织在个案中的工作流程以及监督机制，从制度设计上保证了第三方监管组织履职的客观性和公正性。首先，就第三方监管组织的形成而言，需要尽量排除利益关系、保障工作质量。在存在利益关系的情况下，同一名专业人员，不能同时担任一个以上的第三方监管组织的组成人员，避免产生利益冲突。在第三方机制管委会确定名单后，第三方监管组织的组成人员名单应当向社会公示，接受社会监督，涉案企业可以对第三方组成人员提出异议、申请回避。其次，在合规考察期间，第三方机制管委会巡回检查小组，可以对第三方监管组织的履职情况展开不预先告知的现场抽查及跟踪监督，督促第三方监管组织恪尽职守、勤勉履职。最后，在律师、注册会计师、税务师等中介组织人员担任第三方监管组织组成人员时，为防止利益牵连，该类人员在履行监管职责期间不得接受可能有利益关系的业务；在履职结束后 2 年内，上述人员及其所在中介组织不得接受涉案企业、人员或其他有利益关系的单位、人员的业务。

三、第三方监督评估机制的运行

《第三方机制指导意见》及其实施细则以及《涉案企业合规办法》的正式出台，将实践中形成的合规监管机制落实在了全国性的司法文件中，对第三方机制的运行流程进行了详尽的规定，包括第三方机制的启动、第三方组织的选任、企业合规监督工作的开展、对第三方组织履职的监督、合规书面报告的效用以及涉案企业对合规评估结果有异议如何进行救济（见图 9）。

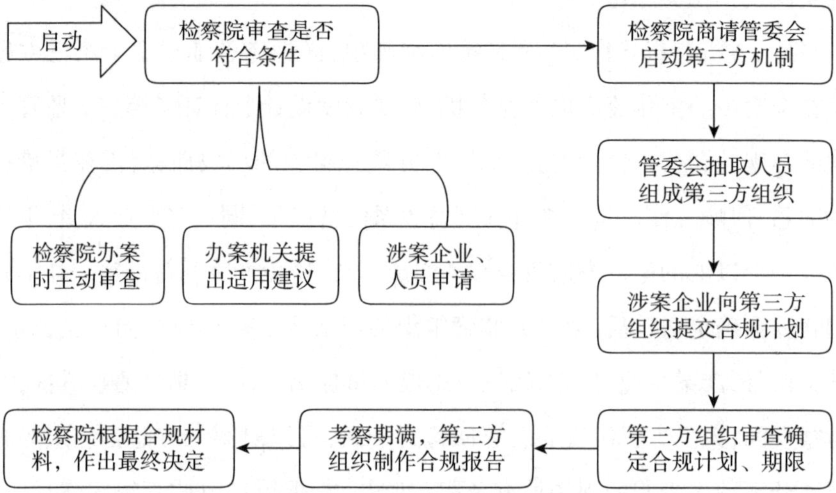

图9　第三方监督评估机制运行流程

（一）启动

根据《第三方机制指导意见》及其实施细则的规定，第三方监管机制主要以三种方式启动。第一，检察机关在办理涉企犯罪案件时，应当主动审查案件是否符合企业合规以及第三方机制的使用条件，认为符合条件的，可以商请第三方机制管委会启动第三方机制；第二，公安机关、纪检监察机关等办案机关可向检察机关提出适用建议，检察机关进行审查；第三，涉案企业、人员及其辩护人、诉讼代理人及其他单位可向检察机关提出适用申请，检察机关应当依法受理并进行审查。

（二）选任第三方监管组织

第三方机制管委会收到检察机关商请后，综合考虑案件涉嫌罪名、复杂程度以及涉案企业的类型、规模、经营范围、主营业务等因素，从专业人员名录库中分类随机抽取人员组成第三方监管组织。一个第三方监管组织一般负责监督评估一个涉案企业。同一案件涉及多个涉案企业,或者涉案企业之间存在明显关联关系的,可以由同一个第三方监管组织负责监督评估。第三方监管组织一般由 3 ~7 名专业人员组成,针对小微企业的第三方监管组织也可以由 2 名专业人员组成。

(三)确定合规方案及期限

第三方监管组织成立后,应当在负责办理案件的检察机关的支持协助下,深入了解企业涉案情况,认真研判涉案企业在合规领域存在的薄弱环节和突出问题,合理确定涉案企业适用的合规计划类型,做好相关前期准备工作。第三方监管组织根据涉案企业情况和工作需要,要求涉案企业提交单项或者多项合规计划。

涉案企业提交的合规计划,应当以全面合规为目标、专项合规为重点,主要针对与企业涉嫌犯罪有密切联系的企业内部治理结构、规章制度、人员管理等方面存在的问题,制定可行的合规管理规范,构建有效的合规组织体系,完善相关业务管理流程,健全合规风险防范报告机制,弥补企业制度建设和监督管理漏洞,防止再次发生相同或者类似的违法犯罪。

第三方监管组织应当对涉案企业合规计划的可行性、有效性与全面性进行审查,重点审查以下内容:(1)涉案企业完成合规计划的可能性以及合规计划本身的可操作性;(2)合规计划对涉案企业预防治理涉嫌的犯罪行为或者类似违法犯罪行为的实效性;(3)合规计划是否覆盖涉案企业在合规领域的薄弱环节和明显漏洞;(4)其他根据涉案企业实际情况需要重点审查的内容。

第三方监管组织应当就合规计划向负责办理案件的检察机关征求意见,综合审查情况一并向涉案企业提出修改完善的意见。第三方监管组织根据案件具体情况和涉案企业承诺履行的期限,在向负责办理案件的检察机关征求意见后,合理确定合规考察期限。

(四)合规考察评估

在合规考察期内,第三方监管组织可以定期或者不定期对涉案企业合规计划履行情况进行监督和评估,可以要求涉案企业定期书面报告合规计划的执行情况,同时抄送负责办理案件的检察机关。同时,第三方监管组织在评估不同企业的合规整改效果时,也可以设置具体的评估指标,根据企业的类型、规模以及业务范围、所处行业的不同,设置不同的评估指标,从而将涉案企业合规整改的效果显性地呈现为具体的评估指数,直观地判定企业的合规整改结果。若第三方监管组织发现涉案企业执行合规计划存在明显偏差或错误的,应当及时进行指导,提出纠正意见,并报告负责办理案件的检察机关。第三方监管组织发现涉案企业或其人员尚未被办案机关掌握的犯罪事实或者新实施的犯罪行为,应当中止第三方监督评估程序,并及时向负责办理案件的检察机关报告。

(五)出具合规考察报告

第三方监管组织在合规考察期届满后,应当对涉案企业的合规计划完成情况进行全面的了解、监督、评估和考核,并制作合规考察书面报告。合规考察书面报告一般应当包括以下内容:(1)涉案企业履行合规承诺、落实合规计划情况;(2)第三方监管组织开展了解、监督、评估和考核情况;(3)第三方监管组织监督评估的程序、方法和依据;(4)监督评估结论及意见建议;(5)其他需要说明的问题。合规考察书面报告应当由第三方监管组织全体组成人员签名或者盖章后,报送负责选任第三方监管组织的第三方机制管委会、负责办理案件的检察机关等单位。

（六）联合审查并由检察机关作出最终决定

在第三方监管组织对涉案企业的合规整改内容进行评估并出具书面文件后，将由第三方机制管委会和检察院联合进行合规审查，审查的内容不仅包括第三方监管组织进行评估工作的全面性、适当性，还包括第三方监管组织本身工作的合规性，如第三方监管组织组成人员的适格性以及评估工作的合规性等。之后，检察机关应当将第三方监管组织合规考察书面报告、涉案企业合规计划、定期书面报告等合规材料，作为依法作出批准或者不批准逮捕、起诉或者不起诉以及是否变更强制措施等决定，提出量刑建议或者检察建议、检察意见的重要参考。通过第三方监督评估机制对企业进行合规整改考察，并由第三方监管组织出具合规考察书面报告后，检察机关可以依据书面报告作出以下几种决定：

第一，检察机关发现涉案企业在预防违法犯罪方面制度不健全、不落实，管理不完善，存在违法犯罪隐患，需要及时消除的，可以结合合规材料，向涉案企业提出检察建议。

第二，检察机关对涉案企业作出不起诉决定，认为需要给予行政处罚、处分或者没收其违法所得的，应当结合合规材料，依法向有关主管机关提出检察意见。

第三，检察机关通过第三方机制，发现涉案企业或其人员存在其他违法违规情形的，应当依法将案件线索移送有关主管机关、公安机关或者纪检监察机关处理。

第四，检察机关对于拟作不批准逮捕、不起诉、变更强制措施等决定的涉企犯罪案件，可以根据《人民检察院审查案件听证工作规定》召开听证会，并邀请第三方监管组织组成人员到会发表意见。

（七）救济机制

相比于前期开展的企业合规试点工作中形成的合规监管机制，随着《第三方机制指导意见》及其实施细则的出台，如今的第三方监督评估机制已经趋于成熟，例如，增加了涉案企业对于合规监管中的行为存在异议的救济机制。根据《第三方机制指导意见》的规定，涉案企业或其人员认为第三方监管组织或其组成人员的检查、评估行为不当或者涉嫌违法犯罪的，可以向负责选任第三方监管组织的第三方机制管委会反映或者提出异议，或者向负责办理案件的检察机关提出申诉、控告。

四、第三方监督评估机制的发展前景

《第三方机制指导意见》以成文的形式确立起第三方机制，并对其各主体定位、运行机制、监管机制进行了精细的设计。同时，《涉案企业合规办法》的颁布进一步细化了第三方组织在具体案件办理过程中的工作标准，但需要正视的是，我国的企业合规仍处在起步阶段，我国的第三方机制在某些问题上仍缺乏相对完善的制度构建，需要在未来发展中继续明确。

首先，应当厘清行政机关及其工作人员在第三方机制中的定位与职责。根据《选任办法》的规定，第三方监管组织的主要组成人员包括律师、注册会计师、税务师、企业合规师、相关领域专家学者以及有关行业协会、商会、机构、社会团体的专业人员。在一些情况下，行政监管部门的工作人员亦有可能参与到第三方监督评估中，其具有在一定领域的专业知识和监管经验，对于合规监管评估工作的有效性提升有着重要意义。然而，行政机关工作人员同时作为监管者和执法者，在特定情况下，会因身份混同发生角色冲突问题，影响评估的客观性、中立性。同时，根据《第三方机制指导意见》的规定，作为中介组织人员的律师、会计师、税务师等，在履职期间以及履职结束后一定期间内，都受到利益回避制度的约束，以确保合规监管的公正性，而对于行政监管人员参与到合规监管中的情形，《第三方机制指导意见》并未对其有利益回避的约束，对于其合规考察履职的客观公正性存在一定的潜在影响。[①]

其次，应当进一步明确合规监管费用的负担问题。监管费用的支付模式，亦是第三方机制构建中各专家学者、从业人员不断探讨的问题。有观点主张不应当由企业支付监管费用，认为该方式会影响监管组织的独立性及中立性，容易导致监管组织违背职业伦理、与企业发生利益勾连。[②] 同时，在我国的合规试点实践工作中，中小企业往往因制度不健全、内部治理缺陷而滋生刑事问题，成为合规监管的重要主体。高昂的合规监管费用往往使这些中小企业的运营雪上加霜，有悖于我国开展企业合规制度以稳定民营经济发展的初衷。但若进行第三方监管行为的无偿化，则易导致对监管组织的激励不足使监管流于形式。此问题在《第三方机制指导意见》出台后仍未得到官方的解决，有待在第三方机制的未来进一步发展中予以回应。

我国合规制度以及其配套的第三方监管机制都存在亟待完善之处，仍需要在实践中一步步探索企业合规中国道路。但目前的第三方监管制度框架构建，亦具有独特的中国优势。例如，我国第三方机制构建进行了更为细致明确的监管主体分工，设立管委会制度，建立名录库，保证监管组织人员选用的多样化。第三方监管组织囊括了行政机关、社会团体或组织，以及会计师、律师等专业人员，在监管角色上避免了单一主体带来的业务领域受限的弊端。在具体案件中，第三方机制管委会从名录库中分类随机抽取人员组成第三方监管组织，实

---

① 参见戚永福：《企业合规第三方监督评估机制探讨》，载《检察风云》2021 年第 20 期。

② 参见陈瑞华：《企业合规不起诉改革的八大争议问题》，载《中国法律评论》2021 年第 4 期。

施监管职能。名录库模式的构建，可以在一定程度上深化第三方监管组织的独立属性，使其不受职业利益或其他利害关系的约束或牵连。同时，通过第三方机制管委会对第三方监管组织进行再监管，为企业合规监管制度运行的公正性、客观性、有效性，奠定了良好的制度基础。由检察机关联合其他部门组建的第三方机制管委会，不仅纳入了诸如生态环境、税务稽查、市场管理等具有专业化色彩的行政部门，而且管委会本身还承担着对第三方监管组织及成员的选任、培训及考核工作，从独立性、专业性方面保障了第三方监管组织的依法依规履职。

第二节　律师落实有效合规监管职责

一、我国涉企合规制度中的监管人职责探究

根据2021年6月3日最高人民检察院联合八部门发布的《第三方机制指导意见》的规定，第三方监督组织的职能应当定位为“调查、评估、监督、考察”。之后，2021年11月22日最高人民检察院发布了《〈关于建立涉案企业合规第三方监督评估机制的指导意见（试行）〉实施细则》（以下简称《第三方机制实施细则》），其中第27条规定：“第三方组织成立后，应当在负责办理案件的人民检察院的支持协助下，深入了解企业涉案情况，认真研判涉案企业在合规领域存在的薄弱环节和突出问题，合理确定涉案企业适用的合规计划类型，做好相关前期准备工作。”第28～36条对于第三方组织作为监管主体的具体职责进行了明确规定，具体包括：（1）对涉案企业提交的合规计划的审查标准：“涉案企业提交的合规计划，应当以全面合规为目标、专项合规为重点，主要针对与企业涉嫌犯罪有密切联系的企业内部治理结构、规章制度、人员管理等方面存在的问题，制订可行的合规管理规范，构建有效的合规组织体系，完善相关业务管理流程，健全合规风险防范报告机制，弥补企业制度建设和监督管理漏洞，防止再次发生相同或者类似的违法犯罪。”（2）第三方组织的合规审查重点内容：涉

案企业完成合规计划的可能性以及合规计划本身的可操作性;合规计划对涉案企业预防治理涉嫌的犯罪行为或者类似违法犯罪行为的实效性;合规计划是否覆盖涉案企业在合规领域的薄弱环节和明显漏洞;其他根据涉案企业实际情况需要重点审查的内容。(3)对涉案企业合规计划有效性以及执行情况进行监督和评估,并进行调整和纠正:"在合规考察期内,第三方组织可以定期或者不定期对涉案企业合规计划履行情况进行监督和评估,可以要求涉案企业定期书面报告合规计划的执行情况,同时抄送负责办理案件的人民检察院。第三方组织发现涉案企业执行合规计划存在明显偏差或错误的,应当及时进行指导、提出纠正意见,并报告负责办理案件的人民检察院。"(4)根据考察情况出具书面合规考察报告:第三方组织在合规考察期届满后,应当对涉案企业的合规计划完成情况进行全面了解、监督、评估和考核,并制作合规考察书面报告。合规考察书面报告一般应当包括以下内容:涉案企业履行合规承诺、落实合规计划情况;第三方组织开展了解、监督、评估和考核情况;第三方组织监督评估的程序、方法和依据;监督评估结论及意见建议;其他需要说明的问题。之后,最高人民检察院、司法部、财政部等九部委联合发布的《涉案企业合规办法》中,对第三方监管组织的工作和职责进行了细化规定,从评估的职能属性来看,包括涉案企业合规风险识别和控制、违规违法行为的及时处理以及合规管理机构和人员配置等六项内容。从审查的职能属性来看,第三方机制管委会联合检察机关行使合规审查职能,对评估方案的适当性、评估材料的全面客观性、第三方监管组织人员组成的正当性等方面进行合规评估结果的综合全面审查。

实际上,我国的企业合规制度从 2020 年 3 月开展第一批试点工作开始正式落地,第三方监管人也自此开始履职之路。在第一批和第二批试点地区中,第三方监管人成为试点检察院的不二选择。在部分地区检察机关试行企业合规制度过程中,还专门就第三方监管人的职责、权力及选任、工作流程等问题出台了专门规定。例如,深圳宝安区作为第一批试点地区就颁布了《关于企业刑事合规独立监控人选任及管理规定(试行)》,上海金山区检察院颁布了《关于企业合规第三方监管人遴选、选任、管理的暂行规定》,湖南省检察院颁布了《涉案企业合规第三方监督评估机制管理委员会工作规则(试行)》以及《涉案企业合规第三方监督评估组织运行规则(试行)》。自企业合规制度颁布实施以来,第三方监管人的角色也越发受到各界的关注和讨论,有学者对第三方监管人的监管职责进行了剖析,认为监管职责应当包括几项内容:一是对涉案企业所在行业的情况、企业生产经营状况、违法历史、可能造成的社会影响、可替代性处罚措施等进行合规内部调查,提交合规调查报告,该项调查报告可以成为检察机关是否作出附条件不起诉的依据;二是协助涉案企业提出有效的书面合规计划,合规计划主要包括拟采取的补救挽损措施和拟构建的形式合规制度,如合规管理规章、合规审查监督体系、合规风险预警机制、合规审查评估机制、违规行为上报机制、合规奖惩机制、合规文化培养体系等;三是在考验期内,合规监管人协助检察机关对涉案企业进行监督考察,督促企业执行合规计划,发现有不合规行为的,及时向检察机关报告,并督促企业加以整改;四是定期向检察机关提交企业监督考察的阶段性报告,在考验期届满之前,提交综合性监督考察报告,并根据报告情况提交考察意见书,提出起诉或者不起诉的意见,检察机关以此意见为参考,作出是否提起公诉的决定。①

从制度层面而言,对于第三方监管人的主体范围、职责内容、产生方式等均已进行了相关规定,实践中因涉案企业的具体企业经营状况以及涉案情况等个案差异而略有不同,抑或因涉案企业的合规整改或建设方案的不同而各异。从监管人的履职范围及事项来看,结合最高人民检察院发布的实践案例中的“深圳X公司走私普通货物案”,该案中宝安区合规委组织成立了企业合规第三方

① 参见陈瑞华:《企业合规基本理论》(第2版),法律出版社2021年版。

监督评估工作组,工作组的主要职责可以分为以下内容:第一,通过查阅资料、现场检查、听取汇报、针对性提问、调查问卷等方式进行考察评估,形成初步的考察意见;第二,对公司的合规整改成果进行考察,并评估合规整改的有效性;第三,将最终考察意见提交行政机关及检察机关,作为有关机关作出最终处罚意见及决定的重要依据;第四,为确保合规整改的持续性,考察结束后,第三方工作组继续对公司进行为期一年的回访考察。

无论是制度性规定,还是实践性做法,第三方监管人以独立、监督为履职视角,对涉案企业的合规专项整改或全面整改效果进行评估考察,协助检察机关或行政机关对涉案企业启动合规体系改革,助力企业通过合规整改达到考察标准继而换取一定的刑事"优惠",这足以可见第三方监管人在企业合规制度建设中的重要担当。第三方监管人对企业合规监管职责的履行是否到位,在一定程度上直接决定了检察机关是否能够真正"放企业一马",否则,监管不到位、履职不尽责,就会造成司法机关对犯罪行为的放纵。

二、律师担任合规监管人的必要性与优势

(一)律师是企业合规制度下监管人的制度选择与必要角色

我国的涉企合规制度于2020年3月正式落地之后,对合规监管人的角色探索在实践中不断深入,自最高人民检察院于上海浦东、金山,江苏张家港,山东郯城,广东深圳南山、宝安6家检察机关进行第一批试点开始,合规监管人的角色就随之进入实践视野之中。在最初的首批试点探索中,监管人承担着重要的职责,且大多数为律师所担任。在深圳市宝安区司法局发布的《关于企业刑事合规独立监控人选任及管理规定(试行)》第2条规定:"本规定所称企业刑事合规独立监控人,是指受犯罪嫌疑企业委托,对企业刑事合规情况进行调查、

规划、监督的律师事务所。”第 5 条规定:“独立监控人从律师事务所中选任并纳入名录库。”此外,从同时期的非试点地区的检察院所发布的相关规定来看,亦可看出律师在涉企合规制度中担任监管人的重要角色。岱山县人民检察院发布的《涉企案件刑事合规办理规程(试行)》第 8 条规定:“专业合规监督员应从律师事务所、会计师事务所、税务师事务所等中选任。”该制度尝试和发展经历了 2021 年 4 月 8 日最高人民检察院发布第二批试点地区和方案后,直至 2021 年 6 月 3 日的《第三方机制指导意见》落地,将第三方监督评估机制的职责、组成,以及启动、运行等做了实操性的规定。2021 年 11 月 22 日颁布的《第三方机制实施细则》,就第三方机制各部门的职责、启动第三方机制的条件和方式,以及在具体涉及案件时第三方机制中第三方组织的选任方式等亦进行了相关规定。在《第三方机制实施细则》中,第 3 条、第 12 条规定了第三方机制管委会应当联合中华全国律师协会等行业组织确定相应的考察标准、并加强与律师协会等组织之间的工作联系等。可以看出,律师群体存在与第三方机制适用的强关联性。从企业合规制度的实践情况来看,在第三方组织的选任人员范围上,律师也是检察机关、涉案企业所较为偏好的监管群体。有学者提出,担任监管人是未来的律师合规业务趋势所在,作为合规激励机制的重要组成部分,企业合规不起诉制度其实给了企业以合规换取宽大刑事处理的机会,也给律师界提供了从事合规监管人业务的机会。① 从实践中已有的案例来看,律师通常会在企业合规的案件中单独或与其他主体共同作担任第三方监管人的角色。例如,在最高人民检察院发布的第二批案例“上海 J 公司、朱某某假冒注册商标案”中,检察机关成立了由律师、区市场监督管理局、区科技局在内的专业人员组成第三方评估组织。在“山东沂南县 Y 公司、姚某明等人串通投标案”中,沂南、沂水县两地第三方机制管委会从专业人员名录库中抽取律师、市场监管、工

① 参见陈瑞华:《企业合规基本理论》(第 2 版),法律出版社 2021 年版。

商联人员组建第三方组织,对 Y 公司合规建设开展监督评估。

(二)律师具备担任合规监管人的独特优势

有人提出,律师事务所应当成为第三方独立监管人的主要力量,在监管合规计划的制订和执行监管过程中,相对于行政机关,律师群体有着独特的行业优势。在监管技术方面,由于律师的业务范围广泛,因而能够对企业经营中的法律风险点有着更为全面和透彻的了解,从行政法规或更高的法律层面,能够为企业提供有益的帮助,使合规计划的制订和执行监管更具有专业性,更能契合涉案企业的实际经营需求。同时,在人员配置方面,律师事务所的人员数量以及专业方向都能够因企业合规整改的需求而不断调整,充足的人员配置能够确保负责合规项目的律师始终能够将充裕的时间和精力放在涉案企业的合规监管中,且在必要时能够组成办案团队,有助于刑事合规的实质化监管。再者,相较于行政机关可能"既做运动员,又做裁判员"之嫌,律师群体能够促使企业内部法务人员与监管人形成合力,从涉案企业的角度为其出谋划策,加之律师事务所同时受到司法行政机关的监管,更能确保刑事合规监管报告的真实性、可靠性。①

从我国目前涉企合规制度的试点改革、落地实施,以及深化发展的过程来看,律师始终是担任第三方监管人的中坚力量。而从实践中的执法情况来看,律师也能够与检察机关,以及涉案企业实现有效、便捷、通畅的角色衔接,协助各个主体取得其在涉企合规制度中的"应得效益"。

1. 律师具备对"外法内规"的高度熟知能力

律师作为一个以法律法规、规章政策等作为其执业活动依据的行业,能够

---

① 参见王歆荟:《检察视角下我国企业刑事合规独立监管人制度探索》,载《山西科技报》2021 年 7 月 19 日,A06 版。

在日常的办案过程中,不断储备并更新现有的法律法规、司法解释、实践案例等。同时,律师基于作为法律从业者的身份优势,能够在不断积累长期案件经验的基础上,对各个行业的合规风险以及监管趋势等进行较为精准的预判,从而在为涉案企业担任合规监管人的过程中,准确把握企业对合规计划制订以及实施过程中的有效性。同时,由于律师在开展业务的过程中,通常会接触不同的案件类型(诉讼类和非诉讼类,诉讼类可包括民事、刑事、行政案件,非诉讼类又可包括公司并购类、证券基金类等),亦会因案件的不同性质而了解并熟悉不同行业,因此,律师对所经办过的案件以及案件所涉及的行业有着相比其他主体更为准确的合规风险判断,对于何种公司决策、何种交易模式、何种公司高管的个人行为等会涉及的合规风险,律师通常有着敏感的"职业嗅觉",能够在第一时间锁定风险点,排除并化解相应的合规风险。

此外,由于律师在办案过程中能够接触不同类型的公司,同时能够与不同公司的业务人员进行必要的沟通交流,因此,律师通常能够通过了解一个公司的内在制度规定、业务流程、人员架构等"内规"之后,对公司现有制度及业务模式所存在的合规性风险进行判断,并可以以此为基础对公司进行合规整改及制度完善。

如此看来,无论是对现行法律法规、行政及部门规章、行业性政策等外部法规的熟悉和把握,还是对公司制度、业务模式、人员组织结构等内部规定的了解和判断,律师都能够基于自身的行业性优势,实现担任合规监管人的最佳制度目的。

2. 律师具有丰富的公司合规项目经验

随着近年来律师事务所的业务版图不断扩大,整体律师行业的业务类型也不断多元化,除了传统的非诉及诉讼类业务,基于公司企业的大规模落地发展而应运而生的合规业务,也在众多业务类型中展露锋芒。随着国资委于2018

年出台颁布的《中央企业合规管理指引(试行)》以及发改委、外交部等七部门发布的《企业境外经营合规管理指引》,更是将合规业务推上了律师业务的风口。大批的律师事务所开始将合规部开设为独立的业务部门,甚至将合规业务进一步细分为数据合规、反腐败合规、税务合规、知识产权合规、环保合规以及反洗钱合规等。因此,随着合规市场的不断拓张,从事合规业务的律师人数亦不断增加,加之律师在办理其他非诉类项目以及诉讼类案件的办案经验,能够很好地与合规业务相结合,不但可以对开展合规业务具体项目中所存在的风险点进行查缺补漏,而且可以通过合规业务促进其他项目及案件的拓展。

很显然,律师在办理丰富的合规项目的过程中,积累了大量关于完整有效的公司合规体系、合规计划,以及如何促使企业真正落地实施合规方案的丰富经验。而这对于律师担任监管人便是一种得天独厚的优势,不仅能够确保在第三方监管人的监管下实现涉案企业合规整改方案的全面性、完整性,还能够切实履行监管人的监管职责并真正排除企业合规的"纸面化"。

3. 律师拥有与检察机关沟通交流的"天然优势"

除上述提到的律师开展合规业务所带来的担任第三方监管人的主体优势之外,律师(尤其刑事律师)作为刑事诉讼程序中控辩双方的一方必要主体,在办理刑事案件过程中,作为当事人的辩护律师,在审查起诉阶段、审判阶段均会与检察机关存在不同程度、不同方式的案件交流。因此,在长期积累的办案经验中,律师除作为辩护人需要寻找能够对抗检察机关所提出公诉意见的事实和证据之外,还能够通过与检察机关对案件的不断交流、沟通、讨论,熟悉检察机关的办案思路及方式,了解检察官作为司法职业群体的思维逻辑。

而在涉企合规制度中,第三方监管人虽然被制度性规定为既独立于检察机关,又独立于企业,但是从实践来看,监管人实则是政府授权,代表政府监督企业,享有调查权并将监督报告呈送给检察机关,检察机关以此为依据决定是否恢复控诉。从权力来源来看,很难让独立监管人摆脱检察机关的"指手画脚",监管人的独立性似乎是个不能完成的命题。[①] 因此,虽然第三方监管人一再被强调应当秉持独立性原则,实则对要求监管人"独立于"企业的标准,更严于其"独立于"检察机关的标准。因此,律师在刑事业务中所积累的经验,能够很好地被运用于担任第三方监管人过程中与检察机关沟通交流的过程中,熟知检察机关作为公诉机关所关注的案件要点、核心诉点,亦能够帮助律师精准地把握合规考察的边界线及内核点。

4. 律师具有第三方监管人所必需的"独立性"特质

为了保证监管的中立性,莫福德备忘录(Morford Memo)将独立监管人的角色定义为独立第三人(independent third party)。[②] 第三方监管人虽然可以为企业提供服务、帮助,但其与企业自身聘请的律师并不能等同,其并不是企业利益的"代言人",倘若失去独立性,则第三方监管人所出具的监管报告就不具有参考性,此外,其对于企业经营中的违法违规问题也有向检察机关通报的义务。[③] 律师担任第三方监管人的角色,既摆脱了与企业之间的委托—代理关系,又摆脱了与检察机关在刑事诉讼案件中的控辩—对抗关系。同时,相较于行政机关天然的公权力机关地位,其在担任第三方监管人过程中,与涉案企业所形成的"公对私"关系而言,律师作为监管主体,往往能够与企业处于相对平等、一致的主体高度。虽然在具体案件中监管人承担着检察机关所委以重任的调查、监督、评估职能,但由于其权力来源与行政机关不同,一定程度上能够避免监管权力被滥用的情况,从而保证企业合规考察结果的公正性。

① 参见马明亮:《论企业合规监管制度——以独立监管人为视角》,载《中国刑事法杂志》2021 年第 1 期。

② 同上。

③ 参见谈倩、李轲:《我国企业合规第三方监管实证探析——以检察机关企业合规改革试点工作为切入点》,载《中国检察官》2021 年第 11 期。

三、律师作为合规监管人的有效合规监管路径

相较于其他承担并履行第三方监管义务的主体，律师有着更为全面、完整的对涉案企业合规整改及完善的工作方式，律师可以通过内部调查、尽职调查的方式了解企业的制度瑕疵，以及引发企业涉案的具体原因，也可以通过自身从事开展合规业务过程中所积累的为企业建设合规体系的经验，协助涉案企业进行有效的合规整改。同时，律师在履行监管职责的过程中，通过与检察机关的沟通和联络，优化涉案企业的整改方案，促进涉案企业真正实现合规不起诉的制度效果。

（一）因“案”而异，选择合适的调查方式，摸排企业的涉案动因

在成熟的DPA和NPA制度下，由涉案企业与监管机构所达成的协议中，通常会将监管人应当履行的职责内容和具体事项作为独立的内容以附件（attachment）方式作为协议不可分割的一部分，如在Biomet公司与美国SEC达成的协议中，协议的附件D（attachment D）就单章列明了监管人的职责（duties）及权力（authority）事项。其中规定，Biomet公司应当向监管人提供获取所有信息的通畅渠道，包括文件（documents）、记录（records）、设备（facilities）、员工（employees）等。通常而言，在涉企合规制度中，无论公司聘请的外部合规律师，还是担任第三方监管人的监管律师，都需要对企业的基本情况进行调查了解，摸查企业的经营情况、业务模式、所在行业情况、违法违规历史等，从而履行基于各自角色所承担的不同职责。有学者提出，律师的合规调查分为“合规尽职调查”和“合规内部调查”。合规尽职调查为企业进行投资、并购及发展第三方合作伙伴时，为避免法律风险所进行的专业调查；而合规内

部调查是企业面临监管调查、刑事执法或出现违规事件之后，由律师进行的专业性合规调查活动，主要目的在于查明违规行为、识别违规责任人，发现合规漏洞，为切割员工责任与企业责任、完善合规体系做好准备。[①]

律师担任第三方监管人之后，对涉案企业进行内部调查是必要流程，通过对企业进行内部调查，梳理企业的经营状况、制度结构、组织及人员架构、违法违规历史等事项，并继而对企业涉案的具体动因进行初步判断。在此基础上，可以通过与企业负责人、高管人员、主要业务人员等进行访谈交流，进一步判断主要涉案人员的涉案原因，并从中挖掘"人"与"制度"之间的关联。同时，涉案企业的具体案件情况，也是律师作为第三方监管人协助企业实现合规整改并设计合规考察标准所必须考量的因素。在虚开增值税专用发票类案件中，应当注重审查企业的决策机制、财务制度、业务流程、税收筹划和成本控制、业务人员合规意识等方面，并针对不同的企业情况进行相应整改规划。在重大责任事故类案件中，应当重点审查公司的安全生产管理制度及执行、操作执行制度、人员安全业务培训机制，以及业务审查监督、风险预警机制等。在走私类案件中，则应当重点关注企业内部治理结构、规章制度、人员管理方面所存在的问题，同时加强对业务管理流程、合规管理架构、内控制度、合规文化建设等环节的审查和监管。

（二）因"企"不同，协助企业落实有效的合规整改方案

从合规方案的选择来看，存在全面合规与专项合规之分，也就是一般所说的"大合规"与"小合规"。全面合规通常包括基本的合规章程或制度、公司内部的合规组织体系或部门、合规政策及员工手册的制定以及合规实施活动等方面。也有学者将全面合规的事项归结为三大体系，即事先防范体系、事中控制

① 参见陈瑞华：《企业合规基本理论》（第 2 版），法律出版社 2021 年版，第 396 ~ 397 页。

体系和事后处理体系。[①] 相比全面合规而言,专项合规则更侧重于企业在某一特定经营方向、某一特定业务类型或某一特定领域内建立起来的合规计划或合规体系,如数据合规计划、反垄断合规计划、出口管制合规计划、反商业贿赂合规计划等。在2018年中兴公司与美国商务部工业与安全局达成的和解协议下,中兴公司重建了针对出口管制的专项合规计划。法国的《萨宾第二法案》确立了7项合规制度,即行为准则、内部预警系统、风险评估、会计控制程序、培训体系、惩处机制,以及内部控制和评价机制。第22届亚太经合组织领导人非正式会议发布的《亚太经合组织有效和自愿的企业合规计划基本要素》(APEC General Elements of Effective Voluntary Corporate Compliance Program)提出了企业合规项目的11个基本要素,包括开展风险评估、管理层的全力支持和参与、制定和遵守书面的公司行为准则、建立合规管理组织架构、提供反腐败培训、教育讲座和持续指导、开展基于风险和详尽记录的尽职调查、审计和内部会计控制、合规机制和报告要求、激励、惩处、定期审查和测试。[②]

根据《第三方机制实施细则》的规定:"涉案企业提交的合规计划,应当以全面合规为目标、专项合规为重点,主要针对与企业涉嫌犯罪有密切联系的企业内部治理结构、规章制度、人员管理等方面存在的问题,制定可行的合规管理规范,构建有效的合规组织体系,完善相关业务管理流程,健全合规风险防范报告机制,弥补企业制度建设和监督管理漏洞,防止再次发生相同或者类似的违法犯罪。"实践中,涉案企业合规整改方案的制订,以及全面合规抑或专项合规计划的选择,需要由检察机关根据不同的案件情况、企业类型以及拟达到的合规目标进行确定。而律师作为第三方监管人,则需要根据涉案企业所确立的不同合规计划,设立不同的考察标准,并协助企业重建合规体系或修补现有合规

---

① 参见陈瑞华:《企业合规基本理论》(第2版),法律出版社2021年版,第395页。

② 参见李玉华:《有效刑事合规的基本标准》,载《中国刑事法杂志》2021年第1期。

制度。相较于与企业形成委托关系的合规律师而言,承担合规监管职能的律师无须受制于企业意志,无论是规则制订阶段,还是制度实施层面,第三方监管律师都能够从企业的自身状况、涉案情况及整改需要的角度,协助企业制订最优合规方案。同时,律师开展公司内部合规调查,能够穿透刑事案件本身的相关事实及证据材料,从企业涉案事件的主客观因素进行深入剖析,发掘违法违规行为的根源所在。此外,通过对企业进行内部调查,还能够进一步帮助律师作为第三方监管人确立并完善合规考察标准,使最终的考察标准真正成为为公司量身定做的测量标尺而非普适性标准,落实涉企合规制度的初衷。

(三)监督考察，助力检察机关完成对企业合规改革的验收

制订合规整改和合规验收的标准,是一项专业性极强的工作。通常而言,合规整改和合规验收必须遵循专项合规标准,也就是针对特定的合规风险,确立专门性的合规管理体系。例如,针对涉税犯罪案件的合规验收,要制订税收合规标准;针对侵犯商业秘密犯罪案件的合规验收,要制订知识产权保护合规标准;对于涉嫌污染环境罪的企业,在对其进行合规考察和验收时,要制订环保合规标准。对上述专项合规验收标准,检察机关都要根据特定领域的刑事法律规范,参考相关领域的行政法律法规,并根据特定企业的性质、经营情况、特定风险点、相关制度隐患和漏洞等,通过吸收行政监管部门的监管经验,来加以制定。[①] 检察机关决定对某一案件适用企业合规制度后,通常会就案件本身情况向企业提出相应的整改目标,并同时对企业合规整改流程和具体整改方案做一定的初步判断和要求。但是,要确保涉案企业进行有效的合规整改并最终达到整改目标,除需要制订完善的整改方案之外,还需要对方案的落地、实施及执行进行全流程的考察及监管,从而避免大而空的"纸面合规",真正实现有效的合

① 参见陈瑞华:《企业合规不起诉改革的八大争议问题》,载《中国法律评论》2021 年第 4 期。

规整改及合规建设。

实践中,律师事务所的业务范围通常会遍及不同领域,因此,在律师的参与下,可以弥补检察机关由于在某些案件所涉及领域的业务盲区所产生的监管力不足的问题。在具体案件中,检察机关可以根据不同的案件所涉及领域不同,而从监管人名录库中挑选具有相关领域经验的律师作为第三方合规监管人。这不仅可以对涉案企业的合规整改方案进行有效监管,还可以利用自身的专业优势对合规方案的不足及缺漏提出完善意见。唯有如此,在检察机关的监督下,在合规监管人的指导下,企业才能够真正"刮骨疗毒",消除风险点,换取合规"福利",避免日后再犯。

第五章

律师如何做好企业合规顾问

企业合规顾问，泛指为企业提供专项或者全面合规咨询、服务的机构、单位或个人。可以说，涉及企业各方面管理事项的专家、机构或个人都可以担任企业的合规顾问，如税务师、会计师或会计师事务所、律师或律师事务所、安全评价机构、环境影响评价机构、人力资源专家、知识产权专家及相关专业的学者等。实践中，以律师或律师事务所担任企业合规顾问的情况最为常见。无论是哪类人员或专家担任合规顾问，都要根据相关的国际国内法律法规来为企业量身定制合规计划、帮助企业完善合规体系。律师群体作为熟悉法律法规、实践法律法规的专业人员担任企业合规顾问相对来说更加合适。因此，本章节也主要以律师为主体来探讨企业合规顾问的一系列问题。

第一节　企业合规顾问概述

一、合规顾问与合规监管人

当前，我国专家学者对企业合规的研究及实践中探讨较多的是“合规监管人”，并认为合规监管人兼具了“合规监督”和“合规顾问”的地位或作用。例如，陈瑞华教授在《律师如何开展合规业务（五）——律师如何担任合规监管人》中认为：“律师担任合规监管人的，应与涉案企业形成一种委托代理关系，具有合规顾问的地位。”[①]马明亮教授在《论企业合规监管制度——以独立监管人为视角》一文中指出“根据宝安《规定》[②]第12条的规定，独立监控人不仅仅是监督者，更是企业整改的参与者”，并提出了“在独立监控人与企业的关系中，监督与参与整改的双重角色何为主要”的疑问，最后通过分析论证认为：“未来的制度完善必须在顶层合理设计‘执法机关—独立监管人—企业’的三方关系”，既要淡化监管人与企业的对抗管理并力促企业整改到位，又要防止

① 参见陈瑞华：《律师如何开展合规业务（五）——律师如何担任合规监管人》，载《中国律师》2021年第1期。

② 深圳市宝安区司法局于2020年8月28日发布的《关于企业刑事合规独立监控人选任及管理规定（试行）》，此处简称《宝安规定》。

监管人与企业“合谋”共同欺骗执法机关。[1] 上述学者认为“合规监管人”应兼具“监督”和“顾问”的双重作用，同时对合规监管人沦为“摇摆人”有担忧和顾虑。

2021 年 6 月 3 日，最高人民检察院、司法部、财政部等多部门联合印发了《关于建立涉案企业合规第三方监督评估机制的指导意见（试行）》（以下简称《第三方机制指导意见》），其中基本确立了以“第三方监督评估机构”为主体履行涉案企业的合规监督职责的暂行规则。各地在试点实践中纷纷建立了“第三方监督评估机构”，遴选律师、会计师等行业的骨干组成“合规监管人”专家库，在个案中随机抽取专家库成员组成案件的“合规监管小组”，对涉案企业进行合规监督考察。可见，在我国当前的涉案企业合规改革试点中，律师作为“合规监管人”主要履行的是监督职责，试点的主导机关从制度设计上就排斥律师既当“合规监管人”又当“合规顾问”的情形。

因此，我们将“合规监管人”和“合规顾问”作为两项不同性质的业务来明确区分：合规监管人业务，是指被遴选为合规专家库成员的执业律师，受检察机关或第三方监督评估机构委托或任命后，从事对涉案企业开展合规监督的律师业务；合规顾问业务，是指律师或律师事务所受企业委托，为企业提供合规咨询、合规监管应对及合规建设整改等法律服务的业务。两项业务的主要区别如下。

1. 服务对象不同。合规监管人是由执法机关任命的，其角色应是执法机关辅助人，并主要为执法机关的监督权或执法权的实现提供辅助服务。合规监管人的服务对象是执法机关，其职责定位应主要体现在“监督”上，即便在帮助企业完善合规管理体系时，也应是“监督”式的“顾问”。例如，在合规计划问题

---

[1] 参见马明亮：《论企业合规监管制度——以独立监管人为视角》，载《中国刑事法杂志》2021 年第 1 期。

上，一般应由企业自行提出合规计划，合规监管人对合规计划的合理性、有效性进行调研监督，将意见或建议提交授权的执法机关审核后才能向企业提出，其帮助企业打造合规计划及完善合规的举措，都应是“监督”式的帮助，此种帮助带有“顾问”的性质，但并非建立在雇佣关系上的“顾问”服务。而合规顾问则是由企业自行聘请的，主要为企业合规提供咨询或整改意见，并协助企业打造及完成合规计划，其服务对象就是企业，是帮助企业应对监管、完善企业管理的彻彻底底的“顾问”角色，对服务过程中发现的风险、隐患等问题，一般都是给予合理合法的建议，而不是给予强制性的限期“整改命令”，更不能以违反职业操守及法律法规为代价，随意的、不加善意的“检举揭发”。

2. 权利义务不同。其一，权利义务的来源不同。合规监管人的调查权、建议权及保密义务等，均源于执法机关的执法权及国家法律对执法权的限定，合规监管人必须在执法机关的权力范围及其任命授权范围内行使权力、履行义务；而合规顾问的调查权、建议权及保密义务等，主要源于企业的授权或合同的约定。其二，权利的行使对企业的约束力不同。合规监管人调查权、建议权等权利的行使均带有“强制”“对抗”等监督特性，而合规顾问调查权、建议权等权利的行使更具有“协助”“帮扶”等服务属性。其三，义务的内容及违反义务的后果不同。首先，合规监管人相较于合规顾问负有更重的责任及义务，合规监管人既对授权执法机关有“忠诚”“公正”履职的义务以及保守案件证据机密的义务，还对涉案企业有保守企业机密的义务，而合规顾问一般只有后者；其次，合规监管人违反义务所面临的后果及追责也更加严重，如果合规监管人与涉案企业沆瀣一气欺骗授权执法机关或者给企业通风报信、泄露办案机密，则可能面临渎职、包庇、泄露国家机密等刑事追责风险，而合规顾问违反义务、不履行职责、泄密等，一般仅承担违约、违反保密义务等民商事或职业道德方面的追责风险。

3. 准入条件不同。合规监管人业务有较高的准入门槛，从域内外的实践来看，合规监管人一般会遴选品德高尚、职业操守良好、刑事司法实践经验丰富的人员来担任合规监管人。例如，美国的合规监管人一般会任命"退役"的检察官、法官来担任；我国涉案企业合规改革试点的地区，对入库"合规专家"也主要从"政治品德、职业操守、专业能力、执业经历及合规经验"等条件来考量。相较之下，合规顾问业务一般没有资质考核、等级评定、入选专家库等门槛要求，但是，如果合规顾问律师不具备较强的法律素养、丰富的合规实践经验，也很难为企业应对合规监管提供优质服务。

上文对"合规监管人"与"合规顾问"作以上业务层面的区分，目的是打造专业化的合规律师队伍，引导青年律师正确理解合规业务的属性，在提供合规法律服务时找准自己的角色定位，坚守职业道德、筑牢法律底线，为服务对象提供优质的、忠诚的、满意的法律服务。

二、企业合规顾问、法律顾问、合规师（合规官）[①]的异同

很多同行及企业家都认为"企业合规顾问""企业法律顾问""企业合规师（合规官）"其实是一回事，都是为企业依法合规经营提供法律服务的人员。当然，不可否认的是，上述三者的职责及特性确实有很多相同、相似之处，例如，都是给企业提供法律服务，帮助企业合法依规经营，维护企业核心利益等，但三者的角色定位、与企业的关系及专业领域等的不同，都会导致其提供的服务内容以及服务效果不同。为了能给企业提供正确、优质的"合规顾问"服务，笔者在此对三者加以比较区分。

---

① 2021年3月18日，"企业合规师"被我国人力资源和社会保障部正式列为18个新职业之一；在域外的实践中，该企业内部职业一般称为"企业合规官"。

（一）企业合规顾问与企业法律顾问

律师一般是大多数企业外聘法律顾问的首选，企业法律顾问业务也是大多数律师事务所的常规业务、传统业务。在我国，大多数企业的法律顾问一般都是为企业提供民商事法律服务，而企业合规顾问业务进入大家的视野主要是从“中兴案”①以及“2018 年国资委推进国有企业合规法制建设”②开始的。相较于传统的企业法律顾问，企业合规顾问无论是服务内容还是适用范围、应对对象等都有较大区别，明晰两者的异同将有利于律师为企业提供更加有效的及有针对性的合规法律服务。因此，笔者主要从“服务领域”和“应对对象”两方面来比较一下我国传统“法律顾问”与新兴“合规顾问”的异同。

1. 两者都是为企业提供非诉法律服务，但服务涉及的法律领域不同。传统的法律顾问主要提供民商事非诉法律服务，如合同纠纷处置、商事谈判把关、劳动争议咨询等。而合规顾问主要是为企业提供应对行政或刑事监管的法律服务，例如，阿里巴巴为了连续 3 年向国家市场监督管理总局提交关于“反垄断”整改的合规报告，其可能外聘合规顾问，该类顾问一般会是熟悉反垄断法等行政法律法规的专家；当前涉及我国合规不起诉的企业，聘请的合规顾问一般也会是熟悉刑事或行政法律法规的专家。

2. 两者都属企业风险管理应对，但应对对象不同。企业法律顾问与合规顾问一般都是企业为了预防风险或者应对风险而外聘的法律服务人员，而律师顾问也主要是为企业提供风险管理建议或风险处置策略的服务者。但是传统的法律顾问主要应对的是民商事风险，应对的对象主要是平等的民商事主体，最

---

① “中兴案”，参见下文“企业的涉外合规顾问业务”中关于“中兴通讯违反美国出口管制案”的简介。

② 参见下文“中央企业的合规顾问业务”中“推动我国央企开展合规建设的主要事件”，即国资委自 2018 年起发布的一系列政策及措施。

终纠纷或问题一般也是以谈判或者由裁决机构居中裁判来解决,无论是地位还是纠纷解决机制对双方来说都是“平等”的,双方之间一般具有较强的对抗关系。而合规顾问主要是帮助企业应对行政或刑事监管,应对的对象主要是行政机关、司法机关或有强制力约束的国际组织,应对对象对企业有管理权或约束力,企业是被约束或管理的对象。

正因为“服务领域”和“应对对象”的不同,两项业务[①]对律师的要求也不同。传统的法律顾问业务,要求律师有较丰富的民商事法学理论及实践经验,而合规顾问往往需要具备较强的行政或刑事法律功底及经验。传统法律顾问在风控建议或风险应对策略上往往具有较强的对抗性,目的是从对方处获取更大利益或降低节约自身成本,而合规顾问提供的风控建议或风险应对政策往往会增加企业的管理成本,目的也主要是符合外部的监管要求或服从外部的监管。从域内外的合规案例来看,企业合规的根本动因是应对外部的监管风险。监管风险往往关乎企业“生死”,而民商事风险一般不具有监管性质,仅仅涉及经济利益纠葛,风险发生时,两者对企业的危急程度大不相同。因此,律师从事合规顾问业务,首要的就是要明白企业合规的根本原理及动因,为企业解析出不合规的原因及隐患,“对症下药”地提出合规管理完善建议。

(二)企业合规顾问与企业合规师(合规官)

2021 年 3 月 18 日,人力资源和社会保障部(以下简称人社部)会同国家市场监督管理总局、国家统计局向社会正式发布了企业合规师等 18 个新职业信息,其中就有“企业合规师”这一新职业。人社部的发文中明确指出:“企业合

① 有律师认为:企业法律顾问与合规顾问根本就是一项业务,就是法律顾问业务,没有必要做业务上的区分,无非服务内容上存在部门法(民事、行政、刑事)的区别,在提供服务的方式和手段上都是一样的。对此,笔者认为,这是大家理解的角度不同,笔者主要从为企业提供高效、专业的服务出发来加以区分,以便广大初入行的律师能够“术业专攻”,找准努力的方向或门道。

规管理是对企业法律、财务、审计、进出口、劳动环境、社会责任等多方面进行合规管控，具有较强的综合性、独立性和技术性。”“‘企业合规师’将在规范企业投资经营行为、注重环境保护、履行社会责任、提高企业竞争软实力等方面发挥积极作用。”而且，企业合规师的履职受到了政府出台的一系列企业合规政策的约束及指引，如《企业海外经营合规管理指引》《中央企业合规管理指引（试行）》等。当前，“企业合规师”并无官方入职门槛要求或认证，也没有在全国的企业中强制推广推行，但是，随着我国企业合规法治改革的推进，“企业合规师”职业必将进入广大从业者的视野，并在企业合规建设中发挥重要作用。为此，笔者对企业“合规顾问”与“企业合规师（合规官）”进行以下比较区分，以期帮助青年律师了解不同角色的需求。

1. 两者都从事与企业法律事务相关的工作，但所处的地位及发挥的作用不同。在地位方面，企业合规师属企业内部员工，职责、薪酬及奖惩都由企业规定及管控，同时，也履行企业赋予其对内的合规管理权，本质是企业管理岗位或企业管理人员；而企业合规顾问一般都是外聘人员，与企业无直接隶属关系，主要为企业提供辅助的法律咨询或服务，本质是第三方服务机构或人员。在作用方面，企业合规师主要发挥对内的管控及监察作用，目的是帮助企业防范生产、经营、财税、环保等各方面的法律风险；而企业合规顾问主要是为企业查找法律相关的风险或隐患，并辅助企业建立或完善合规管理制度及体系，帮助企业预防及应对合规风险或外部的合规监管。

2. 两者都属我国的合法职业，但职业约束及工作内容不同。企业合规师与企业合规顾问都受我国法律法规的约束，都应合法依规执业或开展工作，不得从事违法犯罪活动，更不得利用企业或教唆企业实施违规或犯罪行为。不同的是，企业合规师的职业约束主要源于企业赋予的岗位职责，工作内容涉及企业的法务、财务、审计、进出口、劳动环境、社会责任等多方面；企业合规顾问的职业约束一般主要源于律师行业的职业道德约束以及与企业的服务协议约束，工作内容可能仅涉及双方协议约定的“财税合规、安全生产合规、知识产权合规、进出口管制合规、反垄断合规、反商业贿赂合规”等方面中的一方面或几方面。

总之，企业合规师是企业的内部岗位或员工，且是企业合规管理组织体系的重要岗位，主要职责是企业的合规管控或内控，负责企业的合规制度体系的执行及运维。而企业合规顾问一般为外聘顾问，主要对企业的合规组织体系和合规制度体系建设及运维起到帮助或指导作用。实践中，很多企业的“合规官”一般由法务部主管或公司律师来担任，不设法务部或公司律师的企业一般由行政主管或人力资源主管来担任，这都是企业根据自身的需求所设定的岗位或任命的人员，有一定的合理性，但也存在“偏民商事风险防控”“身兼数职合规监管无法保障”等局限。随着国家逐步出台并完善企业合规的各项法规及政策，对企业合规的标准或指引将越来越明晰、规范，同理，企业合规师、企业合规顾问等职业或业务的准入门槛或资质取得也将越来越专业和规范。

三、我国律师合规顾问业务的现状

很多人认为，2018 年是我国企业合规元年，2020 年是我国企业合规不起诉元年。[①] 2018 年 11 月国资委发布的《中央企业合规管理指引（试行）》，2018 年 12 月发改委等七部门发布的《企业境外经营合规管理指引》，标志着我国企业合规管理拉开序幕，2018 年也被誉为“中国合规元年”。2020 年 3 月起，最高人民检察院在上海浦东区、金山区，江苏张家港市，山东郯城县，广东深圳南山区、宝安区的 6 家检察院开展涉案企业合规改革试点工作，2020 年被认为是“中国企业合规不起诉元年”。

① 参见李玉华：《企业合规不起诉制度的适用对象》，载《法学论坛》2021 年第 6 期。

实际上,“合规”一词最早出现在我国的银行业——2006 年 10 月中国银监会出台了《商业银行合规风险管理指引》,该银行业的合规指引源于 2005 年 4 月巴塞尔银行监管委员会发布的指导性文件《合规与银行内部合规部门》。我国银行业的合规指引源于国际银行业体系的合规规则,其监管来源也主要是我国的银监会及国际银行业的相关组织机构,相关合规规则对普通企业的约束或辐射影响较小。经过十几年的发展,我国银行类企业的合规制度及组织架构已经较为完善和成熟,因而,该类企业一般不需要律师为其提供合规顾问业务。此外,中国证监会分别在 2008 年和 2017 年发布的《证券公司合规管理试行规定》和《证券公司合规管理实施指引》,则属于我国证券行业的合规指引,由于是行业协会发布的合规指引,无论是监管力度还是强制作用都相对较小,证券类公司对合规顾问业务的需求也相对较小。因此,我国银行业、证券业企业在行业内部开展合规建设多年,行业内的合规政策及合规制度等都相对成熟和完善,在没有新的合规监管政策出台的情况下,对律师合规顾问业务的需求较低,也不是当前我国企业合规法治建设的“主阵地”,因此不再展开分析论述。

当前,我国企业合规法治建设的“主阵地”主要由最高人民检察院、国务院各部委总局、地方政府等主体在引领,包括涉案企业的合规、中央企业的合规、地方企业的合规、受行政处罚企业的合规及企业的涉外合规等。因此,下文也将从上述五类企业合规来探讨我国律师合规顾问业务的现状。

(一)涉案企业的合规顾问业务

2020 年 3 月,最高人民检察院在上海浦东区、金山区,江苏张家港市,山东郯城县,广东深圳南山区、宝安区的 6 家基层检察院启动第一期涉案企业合规改革试点工作,拉开了我国涉案企业合规改革的大幕。同年 10 月,时任最高人民检察院检察长张军在第二届民营经济法治建设峰会上表示,检察机关就是服务保障民营经济健康发展的"老娘舅"。依法保护企业家合法权益,营造企业健康发展法治环境是近年来检察机关重点工作之一。2021 年 3 月,张军检察长在第十三届全国人民代表大会第四次会议上报告了开展近一年的涉案企业合规改革试点工作。紧接着,同年 4 月 8 日,最高人民检察院下发《关于开展企业合规改革试点工作方案》(以下简称《合规试点方案》),正式启动第二期企业合规改革试点工作。[①] 2021 年 6 月 3 日,最高人民检察院联合司法部、财政部等多部门发布了《关于建立涉案企业合规第三方监督评估机制的指导意见(试行)》(以下简称《第三方机制指导意见》),指导各试点地区采用"第三方监督评估机制"的方式对涉案企业的合规整改情况开展监督考察。同日,最高人民检察院发布了首批企业合规改革试点的 4 件典型案例。[②] 2021 年 12 月 15 日,最高人民检察院发布了第二批企业合规改革试点的 6 件典型案例。[③]

2022 年 4 月 2 日,最高人民检察院会同全国工商联召开会议,正式"官宣"——涉案企业合规改革试点在全国检察机关全面推开。2022 年 4 月,最高人民检察院会同全国工商联等 9 家单位的办公厅印发了《涉案企业合规建设、评估和审查办法(试行)》,明确了第三方组织主要从"对涉案合规风险的有效识别、控制""对违规违法行为的及时处置""合规管理机构或者管理人员的合理配置""合规管理制度机制建立以及人力物力的充分保障""监测、举报、调查、处理机制及合规绩效评价机制的正常运行""持续整改机制和合规文化已经基本形成"六个方面来考察涉案企业合规整改的有效性。

从上述大事件中,我们不难发现,推动和主导我国"涉案企业合规改革"的

---

① 涉及北京、辽宁、上海、江苏、浙江、福建、山东、湖北、湖南、广东 10 个省、直辖市,具体试点单位由上述省级检察院根据本地情况,自行确定 1 至 2 个设区的市级检察院及其所辖基层院作为试点单位。

② 参见《最高检发布企业合规改革试点典型案例》,载最高人民检察院网上发布厅,https://www.spp.gov.cn/spp/xwfbh/wsfbh/202106/t20210603_520232.shtml。

③ 参见最高人民检察院:《企业合规典型案例(第二批)》,载最高人民检察院网上发布厅,https://www.spp.gov.cn/spp/xwfbh/wsfbt/202112/t20211215_538815.shtml#2。

就是最高人民检察院,当然也必须是最高人民检察院。因此,律师在我国国内开展涉案企业的合规顾问业务,必须时刻关注检察机关的改革动向及政策指引。经过多年实践,作为积极参与该项改革的律师团队,笔者认为,承接及开展业务时应尽量注意以下几点。

其一,帮助企业选择申请启动合规的最佳时机。企业申请启动合规的最佳时机,一般是在案件的审查批捕阶段或审查起诉阶段。因为最高人民检察院发布的《合规试点方案》明确指出:"检察机关对于办理的涉企刑事案件,在依法做出不批准逮捕、不起诉决定或者根据认罪认罚从宽制度提出轻缓量刑建议等的同时,针对企业涉嫌具体犯罪,结合办案实际,督促涉案企业作出合规承诺并积极整改落实,促进企业合规守法经营,减少和预防企业犯罪,实现司法办案政治效果、法律效果、社会效果的有机统一。"《合规试点方案》是根据检察机关履行检察职能的特点及实施阶段来规定设计的,检察机关在刑事案件办理中最重要的职能就是"审查批捕职能"及"审查起诉职能",相对应的就是"审查批捕阶段"及"审查起诉阶段"。特别是"审查批捕阶段",该阶段实际是蕴含在侦查阶段内的,且一般只有 7 天的审查期,"捕或者不捕"在实践中对案件办理的进程及结果影响非常大。因此,想通过合规整改来挽救涉案企业或实现企业自救,把握好案件办理的时间节点,选择最佳的时机至关重要。

其二,明晰"合规监管"的主体、方式、程序及决策规则。最高人民检察院联合司法部、全国工商联等部门发布的《第三方机制指导意见》,纲领式地明确了当前我国涉案企业的合规监管制度。其中,《第三方机制指导意见》第 1 条就基本确定了第三方"合规监管"机制的主体、方式及决策规则,即第三方监督评估机制管理委员会(以下简称第三方管委会),主要负责第三方监督评估组织(以下简称第三方组织)的选任工作,属于检察机关与"合规监管人"之间起组织、管理、协调作用的机构;第三方组织,主要负责对涉案企业的合规承诺进行调查、评估、监督和考察,实为个案的"合规监管人";人民检察院,主要参考第三方组织的考察报告或考察结论,最终依法作出符合法定职责的案件处理决定(不捕、不诉、从轻从宽处罚建议等)。① 实践中,第三方组织是临时组建的"合规监管人"小组,一般没有固定的办事机构或办公场所,组成人员也是根据个案需求随机从"合规专家库"中抽取(一般抽取3~5人);"合规专家库"成员则由第三方管委会来负责遴选及管理。第三方组织因个案组建并公示后,会对涉案企业的合规承诺、合规计划及合规整改情况实施监督考察,最终形成考察报告或结论意见(一般会附上考察期间的工作记录及收集整理的相关证据等材料),供检察院进行听证审查或决策参考。律师作为涉案企业的合规顾问,只有厘清检察机关、第三方管委会及第三方组织之间的工作关系、工作模式,才更有利于协助企业与上述机构或人员进行有效沟通并配合合规监督考察工作的顺利开展。

其三,掌握涉案企业合规改革的要求。虽然改革试点已由部分地区向全国检察机关全面推开,但不是所有涉案企业都符合合规改革的要求。根据我们的实践经验,检察机关一般主要从以下几个方面对涉案企业做合规前的审核考察:一是企业经营状况是否正常及可持续。检察机关一般会多次多轮且慎重地对涉案企业进行初步评审及考察,主要考察涉案企业的实际经营情况、纳税情况、案件发生对员工及社会的影响及案发后的整改情况等。二是案件是否符合"不起诉""不逮捕""从轻从宽建议"的法定条件,检察机关的合规改革都必须在现行法律法规规定的范围内依法开展,禁止突破法律规定给予企业从宽处

① 《第三方指导意见》第1条规定:涉案企业合规第三方监督评估机制,是指人民检察院在办理涉企犯罪案件时,对符合企业合规改革试点适用条件的,交由第三方管委会选任组成的第三方组织,对涉案企业的合规承诺进行调查、评估、监督和考察。考察结果作为人民检察院依法处理案件的重要参考。

置。以涉案企业合规不起诉试点为例，一般是符合法定相对不起诉[①]条件的案件才能对涉案企业启动合规不起诉，因此，只有符合“犯罪事实清楚、证据确实充分”且“情节轻微”的案件才符合相对不起诉的法定条件。“情节轻微”一般会考虑“量刑可能在三年以下有期徒刑”“经济损失或社会损害已弥补”“认罪认罚”“无前科劣迹”等因素。三是企业是否有合规的决心及意愿，一般主要考察“企业股东会或全体股东是否同意合规整改”“企业‘一把手’参与及重视合规整改的程度”“企业是否能保障或承诺保障（包括人力、物力的投入）合规整改的实效”“企业是否有初步的合规计划”等。

其四，杜绝“应付式”“纸面化”合规，帮助企业建立真正有效的合规管理体系。无论是主导改革的检察机关还是国内该领域的知名教授、律师等，都提出“企业应当做有效合规而非纸面合规”，而且，2022 年 4 月 22 日最高人民检察院等九部门共同印发的《涉案企业合规建设、评估和审查办法（试行）》已明确要求“第三方组织”专家成员主要围绕“合规是否有效”来对涉案企业进行监督考察。在实践中，我们也见到了部分律师在帮助涉案企业进行合规建设过程中，注重以“响亮的口号、无处不在的横幅及精美的宣传画册”等来营造所谓的“合规文化”，并以精心整理制作的“赏心悦目”的书面文件材料来应付合规监督考察。这样的律师没有把精力和心思花在帮助企业建立有效的合规管理组织及制度体系上，更没有帮助企业落实各项合规管理制度的具体措施，应对监管考察流于形式的“美”、外在的“靓”，导致企业通过验收考察后就将“合规”抛诸脑后，风险来临还可能重蹈覆辙。这不仅不是国家推动企业合规法治改革的应有之义，更是对企业、对律师行业的深深伤害。提供“应付式”“纸面化”合规服务的律师，实质上是在向企业传递“花钱消灾”的思想或心态，“依法合规

① 《中华人民共和国刑事诉讼法》第 177 条第 2 款规定：对于犯罪情节轻微，依照刑法规定不需要判处刑罚或者免除刑罚的，人民检察院可以作出不起诉决定。

经营”的理念并不会因此深入企业家的内心，这样的企业再犯错、再违规只是时间问题。而一旦再犯，指导其进行合规的律师、通过验收的“合规监管人”以及同意不起诉的检察院则难免会陷入尴尬的境地。因此，帮助企业打造并落地一套长远而有效的合规管理体系才是合规顾问应尽的责任，国家推动企业开展合规建设不是要看“花拳绣腿”，而是要通过政策及引导来提升我国企业“依法经营管理”的能力和水平，保障我国经济的长远发展。

（二）中央企业[①]的合规顾问业务

我国中央企业（以下简称央企）开展合规建设可以追溯到2018年7月，国务院国有资产监督管理委员会（以下简称国资委）印发了《中央企业违规经营投资责任追究实施办法（试行）》（以下简称《央企违规追究办法》），这一政策性文件为央企的“合规风险”划设了“红线”并明确了追责办法。同年的11月2日，国务院国资委印发了《中央企业合规管理指引（试行）》（以下简称《央企合规指引》），更进一步地推动中央企业全面加强合规管理，加快提升依法合规经营管理水平。2020年国资委在《关于开展对标世界一流管理提升行动的通知》中明确了对标世界一流管理的八大要素，其中第六个对标要素是“加强合规管理、提升合规经营能力”。2021年5月13日，国资委副主任翁杰明在国务院国资委组织的“法治央企建设媒体通气会”上表示，国资委在中国移动等5家企业开展合规管理体系建设试点的基础上，于2018年印发央企合规管理指引，此后陆续编发反垄断、出口管制、反商业贿赂等一系列重点领域合规指南。当前，中央企业已全部成立合规委员会，出台管理制度，完善工作机制，其中不少企业还探索构建法治框架下的法律、合规、风险、内控协同运作机制，着力打造“法律合规大风控”管理体系。2022年4月1日，国务院国资委印发了关于《中央

① 本书所称的中央企业，是指国务院国资委代表国务院履行出资人职责的国家出资企业。

企业合规管理办法》公开征求意见的通知,并公布了《中央企业合规管理办法(公开征求意见稿)》向全社会征求修改意见。

通过梳理上述国务院国资委发布的一系列文件或措施,并对比涉案企业合规顾问业务,笔者认为央企的合规顾问业务有以下特点。

第一,央企的合规法治建设由国务院国资委推动及主导。央企是国务院作为出资人的国家出资企业,国资委代表国务院对所有的央企履行出资人的管理及监督职责。从 2018 年开始,国资委出台了一系列引导央企及其下属企业开展企业合规法治建设的文件和举措,目的是推动中央企业全面加强合规管理建设,加快提升依法合规经营管理水平,增强企业国际竞争力,保障企业持续健康发展。

第二,央企面临的合规监管是一种"出资人对被出资企业"的内部监管,不具有行政或刑事监管的属性。国资委实际上是央企的出资人代表,其不仅是推动央企进行合规法治建设的主体,更是对广大央企及其下属企业实施合规监督及追责的主体。2018 年 7 月,国资委印发的《央企违规追究办法》就是一部"合规监管"的政策性文件,且追责的对象并非央企,而是央企中有经营管理责任的相关责任人。因此,笔者认为,对当前央企合规建设的引导及督促属于一种内部监管,与涉案企业面临的外部行政或刑事监管有较大差异。首先,企业合规建设或整改所面对的监管强度及验收后果不同,央企面对的合规建设监管主要为国资委的内部监管,如某央企合规建设没有到位,仅仅会面临内部追责问责;而涉案企业如果合规整改没有到位或验收不通过,则会面临执法机关的行政或刑事追责。其次,央企的合规建设重点在于对"合规经营管理水平"的提升,而涉案企业合规整改的重点在于"防止违规事项"的再发生。

第三,央企的合规指引要求企业开展"大而全"的全面合规建设。《央企合规指引》第 13 条规定了央企合规管理建设的重点领域,包括:(1)市场交易——建立健全诚信体系,突出反商业贿赂、反垄断、反不正当竞争,规范资产交易、招投标等活动;(2)安全环保;(3)产品质量;(4)劳动用工;(5)财务税收;(6)知识产权;(7)商业伙伴等。此外,该指引第16条将“海外投资经营行为”也列为了合规管理建设的重点,并要求各央企“深入研究投资所在国法律法规及相关国际规则,全面掌握禁止性规定,明确海外投资经营行为的红线、底线”。当前央企的合规建设实际上是企业的全面合规建设,涉及企业经营的方方面面,风险防控范围涵盖了国内外所有的民商事、行政及刑事法律风险,我们称此种合规为企业的“大合规”。而涉案企业的合规一般是“查漏补缺”式的合规,主要针对涉案原因或涉案隐患开展专项合规整改。实践中,笔者发现,如果企业一开始就制订“大而全”的合规计划,该计划的执行难度及需要投入的资源和成本都非常大,而且合规的针对性及有效性很难保证,甚至有的律师为了迎合所谓的“指引”,而帮助企业去建立“空洞”的合规管理制度。因此,虽然国资委对央企有全面合规的要求,但是,作为合规顾问应当在充分调研或尽职调查的基础上,针对企业面临的主要风险来“对症下药”,最好先从有迫切需求的专项合规建设做起,逐步“以点带面”,帮助央企全面建立健全一套行之有效的合规经营管理体系。

(三)“受地方政策激励”企业的合规顾问业务(以张家港市为例)

江苏省张家港市人民检察院是最高人民检察院指定的首批合规改革试点单位,其试点工作不仅取得了非常好的效果,还得到了张家港市委、市政府的大力支持。张家港市委、市政府敏锐地意识到企业“依法合规经营”是企业“行稳致远”的关键,也有利于地方经济的长效发展。因此,2021年3月,张家港市委、市政府印发了《关于推进企业合规建设工作的意见(试行)》(以下简称张家港《企业合规工作意见(试点)》),该意见明确了在张家港市范围内推动企业开展合规建设的相关举措,具体如下。

1.2021年3月,成立张家港市企业合规监管委员会,意在推动全市企业合规建设。

2.2021 年 5 月，张家港市企业合规监管委员会遴选出首批“合规监管人”，组建了第三方监督评估的专家库。

3.2021 年 5 月开始，张家港市企业合规监管委员会陆续发布《企业合规分级评定办法（试行）》《企业合规管理指引（试行）》《企业安全生产合规管理指引（试行）》《企业环境保护合规管理指引（试行）》《企业税务合规管理指引（试行）》《企业知识产权合规管理指引（试行）》《行政机关合规激励政策清单》等文件，推动并引导全市企业积极申报合规评审，促进企业依法合规经营，提升企业核心竞争力。

4.2021 年 12 月底，张家港市企业合规监管委员会组织开展了首批企业合规评审工作。

5.2022 年 3 月 22 日，张家港市十五届人大常委会第二次会议审议通过《张家港市人民代表大会常务委员会关于推进全市企业合规建设工作的决定》及《张家港市企业合规建设工作实施办法》，将企业合规建设工作纳入地方人大常态化监督范畴，推动地方企业合规改革试点迈向更高台阶。

笔者作为企业合规顾问参与了张家港市首批 2 家企业的合规建设法律服务，服务中总结了该项合规建设的以下几个特点。

一是地方政府引导，企业自愿申报。此类地方党政机关推动的企业合规法治建设，主要以地方出台的相关激励政策①作引导，以配套出台一系列重点领

---

① 张家港《企业合规工作意见（试点）》第 9 条规定：对合规分级评定在达标以上的，各机关单位可以采取提供行政审批“绿色通道”、优先提供公共服务便利、降低市场交易成本等举措，加强对企业合规情况的正面评价和政策激励。第 10 条规定：司法机关在办理涉企犯罪案件中，可以委托合规监管委员会开展合规有效性审查，作为评判企业犯罪主观恶性、社会危险性等的参考，在适用强制措施、不起诉及量刑等方面予以从宽考量。第 11 条规定：行政机关在办理涉企行政违法案件中，可以委托合规监管委员会开展合规有效性审查，作为评判违法行为的事实、性质、情节以及社会危害程度等的参考，在行政处罚上予以从宽考量。此外，《行政机关合规激励政策清单》也明确了经评审达标企业可以获得的相关行政激励政策。

域的合规指引[①]作督促，企业实行自愿自行申报。[②]

二是其本质是非涉案企业的合规建设或整改，没有监管但企业可以参加评审。与央企的合规建设或整改类似，该项合规建设都是没有行政或司法机关的监管，但企业可以申请参加合规分级评定的审核，接受来自第三方监督评估专家库成员的考察评分。第三方监督评估专家库成员主要由遴选出来的律师、会计师、税务师以及安全生产监督、环保、市场监督等行政机关的执法骨干组成。

三是合规政策激励有地域性，律师合规顾问业务开展有局限。由于是张家港政府主导的本地企业的合规法治建设，因此，只有张家港本地企业才有资格申请合规评级，有合规顾问业务需求的企业也主要是张家港本地企业。到目前为止，我们知道的律师能承接并开展此类业务的地区也只有张家港市范围内。当然，也有极少数的非涉案企业会主动开展企业合规整改，但由于没有受到监管或也没有评审激励政策，企业合规整改的动力小，有意愿或有意识聘请专业律师提供合规顾问指导的企业非常少。

此外，从实践情况看，目前张家港政府推动的该项企业合规法治建设还在试行的过程，有很多值得改进和完善的地方。首先，由于合规评分事项全、涉及面广，在统一的评分标准下，出现了大中企业得分高、小微企业得分相对较低的情况。因此，笔者也向张家港市企业合规监督委员会提出过在评分标准上对“大中企业”及“小微企业”加以区分的建议。其次，对企业的评审，一般会组织第三方专家库成员到企业进行“预评”及“正式评审”两轮考察及检查，对一个企业（无论企业大小）的实际评审考察时间一般都集中在 1～2 天内完成（主要

---

① 张家港市企业合规监管委员会发布了《企业安全生产合规管理指引（试行）》《企业环境保护合规管理指引（试行）》《企业税务合规管理指引（试行）》《企业知识产权合规管理指引（试行）》4 个文件，对企业在安全生产、环保、财税、知识产权 4 个重点领域开展合规建设指导。

② 张家港《企业合规工作意见（试点）》第 8 条规定：建立企业合规分级评定机制，在企业自愿申报的基础上，由合规监管委员会对企业合规建设情况进行优质、良好、达标等不同等级的评定。

原因是专家成员的时间及工作协调问题),且评审也偏向于"执法"检查的方式,对合规管理措施"是否落地""是否有效"等方面的动态考察不足。但是"瑕不掩瑜",张家港政府推动企业合规的一系列举措,从根本上有利于社会经济的长效发展,有利于提升企业的核心竞争力,值得支持,值得点赞。即使目前开展此项业务的性价比不高,律师也要抱着"奉献""服务"的精神坚持为企业提供优质的合规顾问服务。

(四)"受行政处罚"[①]企业的合规顾问业务

2021年以来,国家市场监督管理总局不仅对"阿里"[②]、"美团"[③]进行了行政处罚及行政指导,对其他一些大企业、知名企业也开展了调查处置,而且除了行政处罚,还对企业提出了"合规整改"及提交"合规自查报告"的行政指导要求。笔者认为,这是行政机关推动企业(特别是大企业)合规的一个重要信号。而且,对企业的行政处罚相较于刑事追责,更加广泛、普遍,频次和数量也更高、更多,特别是在"安全生产""环保""税务""知识产权保护""数据安全""反垄断"等领域,各地各级行政机关的执法力度都大大加强。因此,企业为应对行政处罚或行政监管所需要的合规顾问服务理应更多、更迫切,但实际上,企业因受到行政处罚而聘请专业律师或团队进行合规整改的情况非常少,通过分析,笔者认为主要有以下原因。

其一,虽有行政处罚而致企业合规整改的形式,但并无对企业合规监管的

---

① 此处的行政处罚,仅指我国国内行政机关的相关行政处罚,不涉及域外行政机关的处罚和管制。

② 2021年4月10日,国家市场监督管理总局对阿里巴巴集团控股有限公司以经营管理违反《中华人民共和国反垄断法》为由,作出了"停止违法行为""罚款182.28亿元"的行政处罚,并向其发出了"加强合规管理整改,连续三年向市场监管总局提交自查合规报告"的行政指导意见。

③ 2021年10月8日,国家市场监管总局对美团同样以违反《中华人民共和国反垄断法》为由,作出了"停止违法行为""全额退还独家合作保证金12.89亿元""罚款34.42亿元"的行政处罚,同时,也向其发出了"全面整改,并连续三年向市场监管总局提交自查合规报告"的行政指导意见。

实质。就拿“阿里”“美团”的事件来分析,两家公司都被巨额罚款,也都被要求“合规整改并连续三年提供合规自查报告”,但是,一方面,合规整改既没有监管措施也没有强制约束作用,因为行政机关并没有指定或指派“合规监管人”开展监督考察,也没有就合规整改“到位”或“不到位”有“减免处罚”或“加重处罚”的“约定”或“约束”;另一方面,“合规自查报告”意味着主要是企业合规自查,对该报告“是否审查”“如何审查”“审查后果如何”均没有可“期待”的意见或规定。

其二,行政执法机关尚未出台相关的行政监管或行政激励措施和规定。无论是国家市场监督管理总局,还是国家应急管理部、生态环境部、税务总局等我国行政执法机构,都尚未像最高人民检察院对涉案企业有明确的合规监管或激励的(改革试点)相关政策。因此,即便有的企业为了保留相关准入“资质”或长远发展计划(如上市)意图通过合规整改来免于“剥夺资质”或“留下劣迹”,但由于“上无政策法规”,各级行政执法机关都不会去“试点”“改革”或酌情“变通”,一般都会作出“一是一、二是二”的处罚结论。希望国务院能尽快出台引导及激励企业开展合规建设的“红利”政策或监管办法。

其三,国内暂时没有形成企业合规的“大气候”。[①] 根据目前很多国内学者以及司法实务部门对域外的一些合规案例的研究,我们不难发现,涉案合规的企业基本上是大企业,没有发现小企业的“影子”。因此,很多人认为,大企业才适合做合规,小企业只需要遵循大企业的合规规则或合规政策就行。笔者认为,如果大企业的合规规则及对外政策足以影响与之有关的供应链公司、伙伴企业及客户,则在整个合规“大环境”下,中小企业不得不按照大企业们的“合规”规则来求“生存”。因而,只要大企业都按照国家的合规指引做好了合规建

---

① “大气候”,可以理解为氛围或整体环境,企业合规的“大气候”意指企业受到整个合规环境或氛围的影响而被“裹挟”或“约束”使其不得不去“合规”。

设,自然而然会倒逼中小企业进行合规整改,最终形成合规的“大气候”。但我国暂时不具备这种“大气候”,一是我国没有形成国家层面的合规政策体系,如暂缓起诉制度、行政免罚机制等;二是我国没有违规追责溯源的强效监管机制,例如,大企业接受了上下游企业的“违规”产品或服务,无论其是否故意或过失,依照强效监管机制都要追究其审查、审核不严的责任。国家层面的合规政策是一个国家企业合规法治体系的“灵魂”,强有力的监管制度及措施是保障合规法治体系顺利运转的动力来源,有高大的“灵魂”、强劲的“动力”,企业合规才能“上行下效”,形成我国独有的合规“大气候”。

(五)企业的涉外合规顾问业务

近年来,我国持续推进企业的合规法治建设,其中非常重要的动因是不断有“走出去”的国有企业、大企业受到域外国家或国际组织的处罚或合规监管,如中兴通讯违反美国出口管制案。

2016 年 3 月,中兴通讯因违反美国对伊朗的出口管制法律,即出口合规问题,被美国实施出口限制措施。2017 年 3 月,美国商务部等政府部门就遵循美国出口管制条例及美国制裁法律情况的调查与中兴通讯达成协议,对其罚款及违约金共计约 11.92 亿美元,同时设置了 3 年合规考察期(原定于 2020 年 3 月 22 日结束,但 2018 年 10 月美国得克萨斯州北区联邦地区法院决定延长考察期至 2022 年 3 月 22 日结束)。在考察期内,中兴通讯必须接受美国政府任命的独立合规监察官团队的监督,遵循美国出口管制法律,履行和解协议义务,每年出具年度合规报告。2018 年 4 月,美国商务部对中兴通讯激活为期 7 年的拒绝令,禁止美国企业向中国的电信设备制造商中兴通讯公司销售零件,实施第三轮处罚,同时美国商务部派驻监管人员对中兴通讯实施合规监管,监管期 10 年。同年 6 月 6 日,中兴通讯与美国签署一项新协议,将取消美国商务部针对该公司无法向美国供应商采购零部件的禁令，从而使该公司恢复业务运营。作为条件，中兴通讯要支付10亿美元罚款，另外准备4亿美元交由第三方保管。2022年3月，美国法院作出判决，确认派驻中兴通讯公司的监察官任期结束，且不附加任何处罚。自此，中兴通讯来自美国司法部的制裁及管制风险予以解除，但根据2018年4月的和解协议，中兴通讯将继续接受美国商务部的合规监管直至2028年。

中兴通讯被美国政府机构巨额罚款及长达10年的合规监管引发了国家的高度重视，2018年12月26日，国家发改委、外交部、商务部、国资委、全国工商联等七部门联合发布了《企业境外经营合规管理指引》[①]，意在推动"走出去"的企业加强合规管理建设，提升企业国际竞争力。上文中提到的央企合规建设，也涉及了"海外投资经营行为"的合规。[②] 我们通过对"中兴案"的研究并结合自身的一些实践经验，发现国内律师开展企业的涉外合规顾问业务仍需解决以下两方面的瓶颈。

1. 不够熟悉域外的法律法规及合规监管政策。从中兴案中，我们不难发现，中兴通讯经历过2次处罚升级，并最终都以接受巨额处罚及长时间的合规监管来达成"和解"。笔者认为，很大可能是中兴通讯对美国的法律法规及合规监管政策不够了解所致。

2. 不够资格担当涉外案件的合规顾问或监管人。还是以中兴案为例，美国政府指派到中兴通讯的独立监察官是美国的执业律师，被指派后任职中兴通讯的高管，并负责领导中兴通讯的合规部门，一方面为中兴的合规管理提供顾问指导，另一方面对中兴的经营行为开展全面的合规监察。由此可见，涉案企业

① 《企业境外经营合规管理指引》的制定主要参考2017年原国家质量监督检验检疫总局和国家标准化管理委员会联合制定发布的GB/T 35770－2017《合规管理体系指南》。

② 《中央企业合规管理指引（试行）》第16条规定的就是"强化海外投资经营行为合规管理"的内容。

一般主要围绕被指派的"合规监管人"来开展合规体系的健全及完善,一般不会再外聘律师团队来辅助合规建设。如果律师有强烈的参与愿望,可以尝试申请入职涉案公司的法务部或者合规部,作为公司内部员工去参与。对于非涉案企业,国内执业律师能够参与的程度相对更大,比如,至少可以根据《合规管理体系 要求及使用指南》[1]来帮助企业建立符合国际标准的合规管理体系,如果对某国法律法规不够熟悉,则可以寻求与该国专业机构合作来帮助企业完成对应业务的专项合规管理体系建设。

综上所述,近年来,国内律师承接的合规顾问业务80%以上集中在"涉案企业"的需求上,是因为最高人民检察院在有条不紊地推进这项改革工作,合规改革不仅取得了社会的认可,对"护航"民营企业成效显著,更重要的是"合规政策"相对明确,且切实能够帮助企业"华丽转身",实现长远发展。因此,笔者在接下来的两节中也主要以"涉案企业的合规顾问业务"作为探讨的重点,从服务的"目标、流程、原则"分享相关经验。

---

① 《合规管理体系 要求及使用指南》(ISO 37301),是由国际标准组织(International Organization for Standardization)制定发表,替代了该组织于2014年12月15日发布的ISO 19600(《合规管理体系—指南》)。《合规管理体系 要求及使用指南》规定了组织建立、运行、维护和改进合规管理体系的要求,并提供了使用指南,适用于全球任何类型、规模、性质和行业的组织。

第二节　企业合规顾问怎么做

企业无论由于何种原因(涉案或受政策监管影响)开展合规建设,一般都会聘请律师团队来帮助他们开展合规建设。担任企业合规顾问的律师团队,一般会由多个领域的专业律师组成,通过有针对性的风险尽职调查,帮助企业制定正确的合规整改目标,推动企业有效落实各项合规管理举措,提升企业全员的合规意识,最终形成长效的企业合规文化。

一、目标——帮助企业进行有效合规

很多国内的专家学者都呼吁"企业应当做有效合规"而非"纸面合规",比如,陈瑞华教授在《企业合规不起诉改革的八大争议问题》一文的"合规整改和合规验收的标准问题"中,就强调"企业制定有针对性且有效的合规整改计划"及"监管机构建立有针对性且有效的验收标准"对涉案企业合规不起诉改革非常重要。[①] 之后,又在《企业有效合规整改的基本思路》[②]、《有效合规管理的两

① 参见陈瑞华:《企业合规不起诉改革的八大争议问题》,载《中国法律评论》2021 年第 4 期。

② 参见陈瑞华:《企业有效合规整改的基本思路》,载《政法论坛》2022 年第 1 期。

种模式》[①]两文中结合实际案例提出了企业构建有效合规管理体系的路径及模式。此外,李玉华教授在《有效刑事合规的基本标准》一文中探讨了"确立有效刑事合规基本标准的考量因素"及"有效刑事合规基本标准的核心要素"等问题。[②] 检察机关在对涉案企业开展合规监管及验收时也是以"有效合规"为标准及原则。最高人民检察院检察理论研究所所长谢鹏程在2022年1月举办的"南方财经法律高峰论坛"主题演讲中就阐明了"有效合规可以使企业获得刑事责任减免的原因",并提出了"对企业合规管理体系的有效性可以从其设计、执行和结果三个方面来评估"的意见。[③] 2022年4月20日,最高人民检察院等9家单位的办公厅印发了《涉案企业合规建设、评估和审查办法(试行)》,该办法的第1条就明确第三方组织要围绕合规管理体系有效性进行了解、评价、监督和考察。可见,企业进行合规整改的首要目标就是有效合规。实践中,律师帮助企业进行有效合规主要从以下三个方面来实现。

(一)针对"风险隐患"打造合规计划

企业的合规整改就如同给企业"诊脉治病",找准"病因"并"对症下药"非常关键。在"找准病因"方面,律师可以通过"受罚(或涉案)原因分析"及"问题导向尽调"来给企业量身订制"合规风险清单";在"对症下药"方面,律师可以围绕"风险紧迫程度"[④]来为企业量身打造合规计划。

举例来说,江苏某医疗器械制造公司是一家有自主知识产权的医疗设备生产企业,公司并未涉刑事案件,因收到了某软件公司的"停止侵权使用某软件"

---

① 参见陈瑞华:《有效合规管理的两种模式》,载《法制与社会发展》2022年第1期。

② 参见李玉华:《有效刑事合规的基本标准》,载《中国刑事法杂志》2021年第1期。

③ 参见《最高人民检察院检察理论研究所谢鹏程:合规可使企业减免刑事责任》,载百家号"21世纪经济报道"2022年1月22日,https://baijiahao. baidu. com/s? id = 1722624221154222413&wfr = spider&for = pc。

④ 风险紧迫程度,主要从风险发生的频率、涉刑追责的大小等方面来考量。

的函告而开展合规建设。这是一个非涉案企业的合规顾问项目,企业一开始并没有明确的整改方向,合规建设的目的是避免“无妄的牢狱之灾”。为此,负责合规建设的律师先对企业近5年内受到的处罚及过往法律诉讼进行了整理分析,发现该企业有如下情况:一是受到当地安全生产监督管理部门2次整改通知、1次行政处罚及环保部门的2次行政处罚;二是员工对公司有过1起“肺病”投诉及3起“劳动事故”诉讼;三是收到2家软件公司的“停止使用未授权软件”的函告。然后,以该企业受罚及涉诉的原因为导向,主要从“生产安全”“环保及职业病防治”“知识产权侵权”等方面暴露出来的问题,来对相应的部门及岗位进行“访谈”“考察”“测评”等尽职调查工作。通过尽职调查,查找出了26项安全生产隐患、15项环保风险隐患及7项知识产权风险隐患,并根据这些问题隐患拟制出“合规风险清单”。然后,针对“风险隐患”主要发生在“生产环节”的特点,在遴选或外聘独立合规专员的计划中,将“有企业安全生产及环保的学历背景、管理或执法经验”作为重点考察条件;针对“缺乏上岗前培训、培训缺少记录以及培训流于形式”等问题,将“合规培训”事项作为重点进行了全面系统的规划;针对一些重点岗位人员存在“责任心不强”“安全意识不强”等问题,将“合规考核”作为全员绩效评判及奖惩的重要指标……总之,“哪里有风险、哪里风险大”,那里就“浓墨重彩”的设置强化合规监督管理的整改举措。

(二)围绕“意识提高”落实合规举措

实践中,企业家、“一把手”或公司决策机构对合规的重视程度及落实力度,是一家公司能否建立起有效合规体系的关键;而企业员工对合规利弊的认识和对合规风险的识别能力,是一家企业实现有效合规管理的基石。可以说,企业员工合规意识的强弱高低是实现有效合规管理的根本,因此,各项合规整改措施主要围绕全员合规意识的提高来进行。

举例来说,苏州某实验室工程安装公司因虚开发票而开展涉案企业合规整改,检察机关及第三方组织将"合规的有效性"作为监督考察评估的重点。在该企业的合规整改及应对监管中,合规管理除了需要从"纸面"制度到长期且有实效的运行,重点还需要相关人员发挥主观能动性,因此,"提高全员合规意识"是合规顾问帮助该企业建立有效合规管理体系的核心"抓手",并且主要通过谈话、培训及强化合规管理实操来实现。在"一把手工程"上,该合规顾问给企业负责人从企业合规渊源、财税合规原理、合规管理程序、风险处置实操、突发事件应对5个方面进行了6次谈话及培训,深层次解析涉案原因,纠正其错误的财务管理观念及行为。最终,使该负责人坚定地将合规纳入该企业文化建设的四大核心①,并带头宣读及签署合规承诺书,积极参加每一项合规整改举措的动员、培训及落实,参与每一次第三方组织、第三方监督评估机构及检察机关的监督考察和汇报听证,听取意见后立即完善整改措施。在全员合规意识提高方面,合规顾问在4个月的整改期内,分层次、分重点对全员进行了3轮培训,重点从合规的意义、合规行为准则及合规管理流程三个方面,让公司全员尽快理解并熟悉合规的重要性及各项合规举措。不断开展灌输"合规理念、合规重要性、违规后果"的合规培训,以及"反馈、通报、归档"等"举一反三"的制度设计,可以提高员工的"风险意识及敏感度",有利于合规管理体系发挥出真正实效,能营造全员合规的"大氛围",并产生"星火燎原"的传导作用。②

---

① 该公司文化建设的其他三大核心是:爱国、诚信、创新。

② 该公司在上述事件处置结束后,均向相应的采购方、开票方通报了公司的处置结果及合规政策,同时要求自家的业务员及外部的关联单位严格遵守公司的该2项财税合规政策。

（三）根据企业现状[①]完善合规体系

当前，有很多企业合规指引、指南类文件[②]，律师团队也主要参照这些指引、指南类文件去帮助企业构建合规管理体系。但是，常有“水土不服”的情况发生，特别是为涉案企业提供合规顾问服务时往往时间紧、要求高、任务重，很难按照这些企业合规文件的要求在较短时间内为企业建立起有效合规管理体系。通过实践，笔者认为，可以逐步形成根据企业现状来完善合规管理体系的如下做法。

1. 从“全面合规”到“专项合规”

由于每个企业所从事的业务范围不同，企业规模、治理结构、管理模式不同，那么合规风险、违规事件的发生情况都具有不同程度的差异。所以，企业合规并不是一种“大而全”的管理体系，更不是“一揽子”系统全面依法依规经营的制度保证，而是针对企业实际情况、特定合规风险所建立的一套合规风险防控体系。

一开始，无论是企业家还是律师，都会认为企业要做全面合规，全方面无死角合规，这才是最好的合规建设。但随着合规业务的拓展，从全面合规转变到专项合规后，适合企业的合规才是最好的合规。例如，上述江苏某医疗器械制造公司，律师合规团队以该企业受罚及涉诉的原因为导向，主要从“生产安全”“环境保护”“员工职业病防治”“知识产权侵权”等方面暴露出来的问题对于安全生产、环境保护、知识产权三个方面进行合规建设；苏州某实验室工程安装公司因虚开发票而开展涉案企业合规整改试点，因该企业没有生产加工和自主

① 企业现状，主要是指企业的实际经营管理模式及状况，包括现有的经营模式、人员机构及设备投入等。

② 参见本章第一节“我国律师合规顾问业务的现状”部分，在介绍各类型企业合规业务中基本上罗列了当前我国所有的企业合规指引、指南类文件。

研发业务,只有工程安装业务,结合犯罪原因及企业实际业务情况,只需开展财税专项合规建设。以上事例中,相关企业的财税专项合规都做到了有效合规,企业上下都提高了合规意识,从而得到了检察院及客户的一致认可。

简言之,一个企业在哪个领域容易或者经常出现违法违规事件,该企业就要针对这种风险建立相关内部监控体系,避免这类违规事件再次发生,这才是企业合规的本质所在。

2.“就地取材”组建合规专管机构

对于企业合规专管机构,可针对企业的规模,“就地取材”组建合规专管机构,即从公司内部挑选人员组建合规组织。一般分两种情况,对于大中型企业,笔者建议成立合规监管委员会,作为公司及下属公司的合规管理组织,主要负责公司及下属公司的合规监管。合规监管委员会应具有以下特点:较强的独立性,即合规监管委员会一般不参与公司的生产、销售、采购、财务等工作。较高的管理层级,即合规监管委员会的负责人需是公司的高级管理人员,一般只对董事会、股东会负责,下设一名具体负责人(可建议由副总经理或同级别的人员担任)对合规监管委员会进行运管,负责人之下可以按公司的运营体量设置1~3名合规专员,专员主要负责日常的合规监管检查。另外需要专门为合规监管设置一个档案管理人员,负责合规档案、台账的管理,最终形成一个合规监管的运管体系。对于小型企业,笔者一般建议采用独立合规专员的模式,但其同样应具有较强的独立性,即合规专员不参与公司的生产、销售、采购、财务等工作。比如,上述提到的苏州某实验室工程安装公司由于公司员工少,没有人事和法务部门,就采用独立合规专员的模式,合规专员由公司行政副总担任,行政部门的人员配合其完成相关工作。

3.改造而非重构经营管理模式

企业合规是企业自我监督、自我管理、自行整改的一种公司治理模式,即企业合规是对企业经营管理模式的不足进行改造完善,而不是对企业经营管理模式大动干戈进行大洗牌重新构造。对此,应对企业现存的治理运营情况,通过尽职调查、访谈、现场调研等发现企业在治理过程中存在的潜在风险、暴露出来的问题,或者已经受到的处罚等,提出针对性的改造方案进行完善。

举例来说,苏州某信息科技公司是一家网络平台型企业,其公司负责人因资金结算问题涉嫌掩饰隐瞒犯罪所得罪被浙江某检察院审查起诉。合规顾问在分析了案件后,提出该负责人的行为属于公司行为,并向该检察院递交了合规试点申请资料,经检察院同意后协助企业进行合规整改。在整改中发现,该企业实际上是一家"撮合"交易的具有中介性质的网络平台公司,但其资金结算存在"自有资金池"①以及难以判断"交易真实性"等问题,"自有资金池"可能产生"非法吸收公众存款"等刑事风险,难以判断"交易真实性"则可能导致"洗钱"或"掩饰隐瞒犯罪所得"等刑事风险。为此,合规顾问协助企业围绕"资金结算""交易真实性"两方面进行合规计划的打造,通过了一系列整改措施。首先,明确了企业的主营业务属于"中介服务",企业收入的来源主要是收取交易手续费、服务费等中介费用,只有公司的收入才会入账公司银行账户,上下游用户之间的交易费用则通过第三方交易平台或者银行托管账户来完成,以此完成企业"资金结算"模式的改造。其次,在交易产品的交割前,设置产品交易的抽样验证环节,对于验证不通过的交易予以否决,一方面保障了下游用户的交易安全,另一方面也最大限度地保障了交易的真实性。同时,在上下游客户的注册环节,增加"交易真实性"的风险提示保障,明确告知客户如果公司合规巡

① 资金池(Cash Pooling),也称现金总库,最早是由跨国集团的财务公司与国际银行联手开发的资金管理模式,以统一调拨集团的全球资金,最大限度地降低集团持有的净头寸。刑事案件侦办中所称的"资金池",其实是借用了"Cash Pooling"的原理,认为企业"把业务中涉及的所有资金汇集到一起,形成一个像蓄水池一样的储存资金的空间",即为"资金池","是否形成自有资金池"是刑事司法机关判断是否构成非吸类犯罪(非法吸收公众存款罪、集资诈骗罪等)的重要条件。

查中发现“洗钱、销赃”等违法行为将依法移送司法机关处置。整改后，企业合规专员日常主要对负责“资金结算”及“交易验证”的岗位进行合规巡查及监督，专项监督则是对上述两个岗位上发现的具体风险事项进行调查处置。通过近5个月的整改，该企业的经营模式得到了完善，公司的合规管理体系运行顺畅，最终也通过了检察机关的验收，负责人被作不起诉处理，企业也得以健康持续发展。

二、流程——从“计划打造”到“落地运行”

“目标”主要是指帮助企业建立健全合规管理体系的指导思想，而“流程”则是指协助企业建立健全合规管理体系的步骤。本部分要谈的企业合规整改“流程”“步骤”，主要是基于笔者参与的涉案企业合规改革的合规顾问案例和实践经验提炼而来。

（一）企业合规计划打造

企业合规计划打造，是企业合规管理体系建设成败的关键，因此，很多学者及实务专家都对企业合规计划进行了专项的论述及研究。合规顾问应站在这些“巨人”的肩膀上，结合涉案企业改革工作的政策引导，为相关企业打造合规计划，具体流程如下。

1. 体检——尽职调查

（1）涉案原因分析。实践中，当前我国适用合规改革的涉案企业几乎都是小微企业，小微企业容易涉案的主要原因有二：一是小微企业风险防控能力、意识相对较弱，大多数小微企业是家族式、粗放式的管理模式，在一定程度上缺乏现代化的法治管理的理念，而且公司基本上是以老板的意志为转移，加之随着用工成本、物流成本等不断上涨等因素,很多小企业老板为了生存而在企业的“税务”“生产安全”“环保”等事项上“挤牙膏”——节约开支成本,终而涉及违法犯罪。二是我国当前在积极推进企业法治建设,执法机关加大了在“生产安全”“环保”“税务”“知识产权保护”等方面的执法力度,大企业管理体系相对完善、法治意识相对较高,因此涉单位犯罪的情况较少。而很多小微企业老板“抓一切、管一切”,其个人犯罪就意味着单位犯罪,因而,单位犯罪率较高。所以,在具体服务中,合规顾问可以主要从“涉案领域”(如安全生产、环保、财税、知识产权等)、“老板或负责人的犯罪动因”、“管理制度缺失”三个方面分析查找犯罪原因。

(2)企业背景调查。企业的背景调查非常重要,主要查找的是经营管理漏洞及缺陷,所调查的内容主要包括:一是企业注册信息,主要关注企业类型、主营业务、股权机构、与关联公司关系等;二是经营管理模式,主要关注是否为家族型企业、被追责人员职务职责、涉案部门的管理结构及各人员的职务职责等;三是经营状况,主要包括企业经营现状及模式、营收及纳税情况、涉案的痛点及经营困境等。

(3)重点岗位及人员访谈。访谈是深入了解企业运营管理状况的重要调查手段,访谈对象主要包括:一是涉案人员,对涉案的负责人或管理人进行访谈,目的是了解经营模式及涉案原因等;二是各部门负责人,对公司各部门负责人进行访谈,目的是了解企业的运营管理结构;三是重点岗位人员,对涉案的相关岗位的所有员工进行访谈,目的是查找岗位失职以及管理混乱的原因等。

(4)实地考察及评测审计。实地考察是了解企业实际运行最有效的方式,实地考察的内容主要包括:一是工厂或办公区,通过对各岗位员工(特别是重点岗位员工)具体工作状态的实地观察,了解企业的主营业务运转流程、管理模式等;二是文件档案的归档情况,通过对企业的制度文件、人事档案、培训记录、绩效考核等文档的归档情况进行查阅,了解企业有无规范的档案制度、工作流程记录等;三是重点岗位的评测审计,对涉案的重点岗位或部门进行多角度实地考察,包括一段时间的考勤、工作实绩记录、人事财务审计记录等,目的是查找可能的隐患。

2. 诊断——风险识别

(1)查找"风险隐患"。对尽职调查收集的文件材料进行整理分析,主要从"主观因素""客观条件""经营模式""制度规范""商业伙伴"等方面分析查找企业的合规风险及隐患。"主观因素",主要是指企业负责人及普通员工的合规守法意识,一般通过"访谈""实地考察""测评"等方式来查找风险隐患。"客观条件",主要是指企业生产经营所用设施设备及硬件设施等,一般通过"访谈""实地考察"等方式来查找"设施设备是否有安全防护措施""是否存在操作不规范""是否存在维护保养及日常检修"等风险隐患。"经营模式",主要是指企业经营的方方面面,一般通过"背景调查""访谈""实地考察"等方式来查找企业的"主营业务有无资质""营利模式是否合法""资金往来是否违法""财税申报是否规范"等。"制度规范",主要是指企业的管理制度及执行情况,一般通过"访谈""实地考察"等方式来考察"制度体系是否较完备""管理执行是否到位"等。"商业伙伴",主要是指企业的上下游客户、供应商等,一般通过"访谈""实地考察"等方式来查找"是否存在虚开发票、串通投标、洗钱、侵犯商业秘密、知识产权侵权"等风险隐患。

(2)罗列"风险清单"。根据查找到的风险隐患,按照风险危害性大小、风险发生频次、风险发生领域等进行风险等级评定,随后,为企业按照风险等级评定由高到低整理出一份"常见风险清单",该"风险清单"的主要作用如下:一是供合规管理组织对照预防及进行日常合规监督检查;二是供合规培训时用于对员工的警示教育及“风险敏感度”的培养。需要注意的是，我们主张对企业的合规“风险清单”实行动态管理，即每年对企业进行一次“风险评测”，根据评测结果及风险等级的重新评定，对“风险清单”进行有针对性的调整，目的是有重点地强化员工的风险意识，尽量避免风险发生。

(3)构建“风险识别机制”。“风险识别机制”，是指企业管理人员及普通员工能够及时发现风险的一项重要风险预警机制。实践中，我们会根据企业合规整改的领域来量身定制符合企业实际运营情况的“识别机制”，一般情况下，会从“日常识别”及“专项识别”两个方面来协助企业构建“风险识别机制”。“日常识别”是普通员工的风险识别机制，将普通员工所在岗位面临的风险以“岗位风险清单”方式进行归纳，并通过岗位培训、绩效考核、检举奖励等措施，提高员工发现风险的能力及风险意识，属于预防员工岗位行为风险的识别机制。“专项识别”是根据合规管理组织各成员的合规监督管理职责，制作专项监督检查“风险清单”，分别用于“合规专员对管理层”及“管理层对普通岗位员工”的风险检查或督查，同样，通过管理层培训、绩效考核等方式，来提高合规管理组织、管理层的风险发现及处置能力，属于强化风险管理责任的识别机制。

3. 开方——计划制订

(1)确定合规目标。协助企业打造有效且可行的合规计划，首要环节就是要帮助企业确立合适的合规整改目标。合规整改目标，是指企业通过整改来实现合规管理的事项或领域，一般根据企业的需求及风险隐患来确定。在当前我国合规政策的监管或指引下，企业无论是涉案整改还是非涉案整改，首先都会面临选择“全面合规整改”还是“专项合规整改”，笔者经验是，对于涉案企业，建议以“专项合规整改”为目标。因为检察机关给涉案企业的整改监督考察期限相对较短(大多数试点地区以最长1年为限[①],目前,笔者服务过的涉案企业整改监督考察期一般都在3~6个月),而且涉案领域一般仅为企业的某一经营领域,所以,根据涉案的领域进行专项合规整改较为合适。对于非涉案企业,建议以"全面合规整改"为目标。非涉案企业合规整改的目的主要是预防犯罪,而且一般没有强制的、有期限的合规监管考察。当前,我国国务院国资委等部委机构针对央企及"走出去"企业的合规指引,也是引导企业全面整改及完善合规管理体系,所以,对于非涉案企业以全面合规整改为目标更有利于企业的长远发展。此外,无论是"专项"还是"全面"合规整改,企业都要明确一个或多个领域来进行整改,对此,笔者建议:小微企业,一般确定一个领域来进行合规整改。因为小微企业的主营业务相对单一,管理结构相对简单,合规风险也集中在主营业务经营上,如生产型企业的合规风险一般集中在"生产安全""环保"等事项上。而大中型企业,因业务结构或者管理部门相对复杂,甚至存在大量的关联企业,合规风险会存在多个领域或多个管理部门,所以,确立至少2~3个领域来开展合规管理体系建设更为合适。通过2~3个领域的专项合规整改,也能让企业大多数的员工接受合规培训,提升企业的整体合规意识。

(2)制订整改方案。合规整改方案,即合规整改的具体措施,笔者认为可以从以下四个方面来协助企业制订整改方案:一是合规管理组织体系构建,根据公司的实际情况,搭建合理的合规管理组织架构,并选任合适的"首席合规官"。二是合规制度体系完善,根据公司的主营业务及现行的各类管理规章制

---

① 当前,检察机关给予涉案企业的整改监督考察期最长为1年,主要考虑的是法律给予涉案单位负责人在审查起诉阶段的取保候审期限最长为12个月,检察机关习惯于在强制措施期限内办结案件,所以设置的合规监督考察期限最长一般为1年。但笔者认为,检察机关对试点的涉案企业合规整改情况监督考察后,会给出"起诉"或者"不起诉"的处置结果,而检察机关只要在"追诉时效"期限内都可以对涉案单位及其负责人履行"起诉"或"不起诉"的公诉职权。因此,试点的检察机关完全可以在案件"追诉时效"期限内设置合规监管期限。例如,某单位已查明的犯罪事实法定最高刑为3年有期徒刑,根据《中华人民共和国刑法》第87条的规定,其追诉时效应为5年,现追诉时效已过2年,则可以在剩余的3年追诉时效期限内给该企业确定合规整改监督考察期。

度，从优化经营模式的角度，针对企业存在的主要风险隐患，完善公司的各类管理制度，形成合规制度体系。三是合规管理落地运行，协助企业采取一系列措施落地各项合规管理制度，包括但不限于“合规培训、日常巡检、专项监督、合规档案管理”等具体整改措施。四是合规管理体系持续改进，在合规顾问服务中，一方面，可以持续帮助企业全体员工熟悉公司的合规管理体系；另一方面，可以协助企业的“首席合规官”或合规专员对合规管理的各环节进行测试及评估，验证合规管理体系是否有效、合理，帮助企业不断完善合规管理体系。此外，对于涉案企业，可以在方案中预留应对合规监管的改进办法。

(3)规划整改时间。无论是涉案企业还是非涉案企业，在发布自己的合规计划书前，都会对合规各整改措施的落实做时间规划。作为合规顾问，应根据企业的具体情况及需求提供时间规划建议。以涉案企业为例，一是明确执法机关的时限要求，当前我国企业合规改革试点案件中的检察机关普遍给予涉案企业最长1年的时限，而且一般从检察机关在审查起诉阶段给企业负责人重新办理取保候审后的第1日开始起算。因此，在给企业做合规整改时间规划时，必须充分考虑执法机关的时限要求，而且合规计划一般要先由检察机关组织第三方机构进行审核，并最终确定合规整改的时限。二是根据企业的规模、运营管理现状、隐患大小等因素，预留完成各项整改工作所需要的时间。三是根据各项整改措施的特点及难易程度，规划整改时间。四是根据合规监管的规律，合理设置各整改举措的完成时间节点。除此之外，合规计划书可能会根据第三方组织的监管意见、阶段性整改效果以及不可抗力因素(如当前企业生产经营会受到疫情管控的较大影响)来进行调整，相应的时间规划也应当作出调整，并尽力做到高效完成。

(二)体系构建

1.建立合规管理组织体系。律师可结合公司的实际经营状况，协助公司建立"合规监管委员会"或者"独立合规专员"的合规管理模式。

"合规监管委员会"模式一般主要适用于大中型企业,笔者构建的思路如下:首先,从董事、监事、高级管理人员中遴选出3~5人组成企业的合规监管委员会,合规监管委员会为企业合规管理的最高决策机构,主要负责对"首席合规官"的监管及重大风险事项的处置决策等。其次,合规监管委员会下设"首席合规官","首席合规官"主要负责管理企业的合规风控部门及向合规委员会汇报履职。另外,一般要建立合规部门或者风控部门,根据企业的实际情况及需求,可以与传统的法务部门做一定的结合及区分,目的是要突出合规部门"独立监管"的作用。此外,可以根据合规领域的不同在合规部门内选任多位合规专员,合规专员的选任一般要求熟悉相应领域的相关法律法规及企业在该领域内的管理情况,主要职责就是对相应领域的重点岗位、重点人员实施风险流程监管。最后,可以由"首席合规官"领导建立类似"合规联席会"的管理机制,"合规联席会"的成员主要为各部门负责人或分公司负责人,"首席合规官"及合规部门主要通过该"联席会"加强与部分负责人或分公司负责人的沟通交流,强化部门负责人或分公司负责人的合规意识及合规管理责任。

"独立合规专员"模式一般适用于小微企业或仅作专项整改的企业,笔者构建的思路如下:首先,根据企业的实际情况及"较强独立性""较高管理层级"的要求,遴选出合适的岗位或人员作为合规专员,合规专员独立地负责企业的各项合规管理举措的执行,并对企业的董事会(或执行董事)和股东(会)报告负责。其次,根据实际的合规监督管理的工作量,为合规专员配备1~3名助手,协助合规专员开展各项合规监管工作。最后,根据实际需要,可以建立合规联席会机制,建立方式与大中型企业的联席会构建机制基本相同。二者的区别在于,小微企业的联席会建议将"一把手"纳入进来,因为目前我国95%以上的小微企业都是家族型企业,"一把手"是企业的"灵魂"核心,而联席会的重要作用是传达合规政策及强化合规管理责任,小微企业的“一把手”是最重要的传达及强化对象。

2. 完善合规管理制度体系。经过前期调研,结合公司的实际业务及运营现状,可以协助公司制定《合规行为准则》及《合规运营管理办法》,即完善公司合规管理的“实体法”及“程序法”。《合规行为准则》是公司某领域行为规范的员工手册,可称为公司合规管理的“实体法”,是有效合规建设的基础。一般来说,员工行为准则必须是清晰、简明的,并且适用于公司所有员工,明确规定员工何可为,何不可为。《合规运营管理办法》是合规管理体系运营的“程序法”(或者说是合规运管的操作手册),主要从合规专员的职责、合规检查监督的办法、合规举报的途径、合规绩效的奖惩措施等方面,实现公司合规运管的可操作性,保证合规的有效性。此外,还可以根据企业与商业伙伴之间的往来情况,帮助企业制定并完善对外“合规政策”。“合规政策”一般包括:告知业务往来中的禁止或限定事项,如告知保密义务、禁止收受回扣、资金来源合法等合规政策要求;公布检举的路径及奖励办法,鼓励本企业员工及外部商业伙伴检举揭发不合规行为或相关风险隐患,从而可以及时采取措施应对防控风险,避免或预防企业违法犯罪。

3. 健全合规管理培训体系。如果仅有合规制度,员工不能理解,合规管理人员不能有效运用,合规管理机制不能顺利运行,这样的合规最终会沦为“纸面合规”,让合规管理体系能够长期、有效运行的关键就在于合规培训体系的建立健全。协助企业建立健全合规培训体系,首先,我们需要明确,是律师协助公司建立合规培训体系,而非律师为企业提供合规培训。其次,既然是合规培训体系,那就要求有重点、有层次且全面覆盖,笔者认为,帮助企业建立合规培训体系的思路如下。

第一,建立合规专职管理人员的培训体系。合规专职管理人员主要包括:

合规管理委员会成员、首席合规官、合规专员以及合规部门工作人员等。合规培训的内容主要是：与合规领域相关的国家合规政策及法律法规、各项合规管理制度、合规管理流程、合规绩效考核办法等。合规培训的目的是让合规专职管理人员熟练掌握合规监管的流程及技巧，提升合规风险查核、识别及应对处置能力。此外，对合规专职管理人员的培训要求有较高的师资力量或专业能力，企业一般无法建立这样的师资培训队伍。因此，建议企业可以"委外培训"，聘请合规领域专家或专业律师来进行培训，当然，也可以选派人员参加"企业合规师"资格证书①的考核培训。但目前国家也没有制定"企业合规师"资格证书颁发及应用的相关规定或制度，市场上的一些机构最多算是提供培训的机会，而且存在"良莠不齐"的现象，建议企业及广大律师慎重选择。相信随着我国企业合规法治建设的推进，"企业合规师"资格证可能纳入国家层面的职业资格认证。

第二，建立企业管理层人员的培训体系。企业管理层人员主要包括：企业高层（总经理、副总经理、董事会成员、监事会成员等）及中层（各部门负责人、各班组或岗位负责人等）管理人员。对企业管理层人员进行合规培训的内容主要为"企业的各项合规管理制度""员工合规行为准则""对外合规政策""合规绩效考核办法"等，合规培训内容可以根据部门职责或合规领域的不同进行有针对性的培训。合规培训的目的是让高层管理人员熟练掌握对中层管理人员的合规管理制度及流程，让中层管理人员熟练掌握对所在部门或岗位的合规管理流程及措施，强化合规的业务层级管理责任。培训师资及职责一般由合规部门承担，可以由人力资源管理部门配合完成，建立起一套管理层的合规内训

① 我国人社部在 2021 年将"企业合规师"列为新的 18 个职业之一后，就有相关的机构组织或公司成立了以"企业合规师"资格考核为目标的培训机构或体系，此类资格或证书不由人社部或其他国家机构颁发，可能在国家人社部的网站上可以通过链接查询，但这些证书并非合规业务开展的从业资格证书，顶多是一个经过某培训机构进行合规培训的证明。

体系。

第三,建立普通员工的培训体系。普通员工的范围,包括除上述管理层人员以外的全体员工。全员合规培训,主要是提升企业全员的合规意识,逐步形成企业的合规文化。合规培训的内容主要为“员工合规行为准则”“对外合规政策”“合规绩效考核办法”等。合规培训的目的是让各岗位员工能够明确知悉自己岗位的安全合法操作流程,提高企业员工的合规意识及责任意识,尽力避免违法违规风险的发生。培训师资及职责一般由各部门负责人承担,可以由合规部门配合完成,建立一套普通员工的合规内训体系。

(三)落地运行

1. 巡查

巡查,是指企业合规管理部门对重点岗位、重点人员进行合规监督管理的机制。在通常情况下,可以建议企业建立以下两种工作模式①。

(1)日常巡检模式。其为企业合规管理部门的日常监督检查工作机制。一是巡检范围,主要是与企业合规管理目标相关联的岗位、行为等;二是巡检事项,根据前期尽职调查所列的“风险清单”及被检查对象的具体岗位职责来分别制定各岗位、各环节的《合规日常检查清单》(通常按部门来定制);三是巡检周期,可以根据企业的实际情况及需求确定巡检周期,建议以“月度、季度、年度”三种周期来开展日常监督检查,并制作相应的检查记录。

(2)专项核查模式。其为企业合规管理部门对具体发生的风险隐患或者违规事项进行核查处置的工作机制。一是核查启动,专项核查启动一般有三种方式——“日常巡查发现”“接到核查申报”“受理检举揭发”;二是核查尽职调

① 此处的两种合规巡查模式参照了陈瑞华教授提出的“企业有效合规管理的两种模式”,参见陈瑞华:《有效合规管理的两种模式》,载《法制与社会发展》2022 年第 1 期。

查，根据发现或受理的风险或违规事项开展立项调查；三是核查处置，经过对风险或违规事项的尽调，提出处置方案，上报企业决策机构决策，并根据决策机构的决定执行整改或落实处置措施。

2. 考核

考核，主要指合规绩效考核。企业一般都会有业务绩效考核，为了强化合规管理的作用，可以建议企业在原有的绩效考核机制下，加入“合规绩效考核”的指标，并建立一套“合规绩效考核”机制。

(1)考核主体。通常可以根据企业所设岗位及职责的不同来明确考核主体：对管理层（包括高层、中层及重点管理岗位）的考核，由合规管理部门来进行考核；对于各部门员工，由所在部门的负责人进行考核；对合规管理部门，其部门负责人由企业最高决策机构（董事长、董事会或股东会）进行考核，其他员工则由该部门负责人进行考核。

(2)考核指标。可以根据各岗位职责及合规责任的不同来设置考核指标体系：对于管理层，主要从其开展合规管理的措施及效果等方面来考核；对于各部门员工，主要从遵守合规行为准则及风险防控贡献等方面来考核；对于合规管理部门，主要从合规管理的工作量及实效来考核。

(3)考核奖惩。在合规考核奖惩的设计方面，应注意以下四个方面的问题：一是合规考核占整体绩效考核的比例，为了突出合规管理的重要性，对各部门员工的合规绩效考核占比应在1/3以上，对管理层的合规绩效考核应占比1/2。当然，这只是作为企业合规顾问的建议，最终由企业根据自身的需求来确定。二是合规绩效考核的奖励机制，除年度绩效考核与奖金挂钩外，对在风险防控中有突出贡献的员工可以给予高额单项奖金的设置；三是合规绩效考核的惩罚机制，同样，除年度绩效考核与奖金挂钩外，对具体的违法违规行为，应当设置“警告、记过、留岗察看、开除、移送司法部门”等与过错程度相对应的处罚事项;四是绩效考核奖惩的执行程序,建议合规绩效考核的数据收集整理由合规管理部门负责,奖惩决定由企业最高决策机构作出,执行由主管人事的部门负责。

3. 归档

合规管理部门应当建立健全专门的合规档案管理制度,妥善保存合规工作的工作底稿、工作资料、工作记录以及各部门提交的有关资料,以保证合规工作的正常运行,同时,合规档案也是避免企业被追责的重要依据,因此,合规档案管理工作非常重要。实践中,企业在建立健全合规档案管理机制方面主要应注意以下两个问题。

(1)合规工作文档的全面收集及备案存档。合规档案管理中存在一个较普遍的错误认识,即合规档案仅指合规管理部门的工作归档文件。实际上,企业的合规档案不仅包含了合规管理部门的工作文档,还应当包括所有工作岗位的工作记录,如员工入职文档、岗位培训记录、岗位值班记录、薪酬发放记录等。因为,合规管理主要是合规管理部门的职责,但企业合规是对整个企业全体员工的规范要求,企业要做到依法合规经营,就必须全体员工在履职中做到依法合规,所以,合规档案应当包含企业所有合规合法行为的记录。

(2)合规档案检查是合规档案管理工作的重要环节。实践中,合规档案管理不能仅限于合规档案的收集、整理及备查工作,因为合规档案涉及企业所有部门、所有岗位,合规档案的收集、整理及备查工作也是一个工作体系,而非合规管理部门的单独工作。所以,如果企业没有设置专门的档案管理部门来全面管理企业的档案工作,可以建议赋予合规管理部门一项档案管理职责,即合规档案检查。合规档案检查,主要检查各部门工作记录的规范及归档情况,这样能够配合合规管理部门的合规工作档案,形成一套完整的合规档案体系。

三、运维——从“监管应对”到“文化建设”

协助企业完成合规整改只是合规顾问工作的开始，持续帮助企业应对监管及风险，实现企业长效的依法合规经营才是合规顾问工作的常态。

（一）监管应对

企业面临的监管主要源于执法机关的执法检查，而执法机关的执法检查也是企业合规管理体系是否有效的“试金石”。当前，推动企业合规并明确加以合规监管的，主要是检察机关主导的“涉案企业合规试点”，我们帮助企业应对的也主要是检察机关的监管。因此，根据当前我国刑事诉讼案件的办案流程及规律，可以分为以下三个阶段协助企业进行相应监管[①]应对。

1. 侦查阶段

当企业或企业负责人被公安机关刑事立案侦查时，该企业或企业负责人就进入了刑事诉讼的侦查阶段。在侦查阶段，根据公安机关采取的侦查强制措施以及公司经营管理的现状的不同，笔者认为主要有以下三种应对策略。

其一，公安机关对企业负责人已经采取刑事拘留的强制措施的，可以建议该企业立即启动针对涉案问题的合规整改，并在该案移送检察机关审查批捕时，向检察机关提出合规试点的意愿、承诺及申请，争取检察机关的“不批准逮捕”。例如，上文中提到的“苏州某信息科技公司负责人被浙江某公安机关以涉嫌掩饰隐瞒犯罪所得罪立案侦查并刑事拘留”的案例，就是采用该策略，并最终获得了检察机关的支持。

① 此处的监管为广义的监管，主要是指执法机关施加于企业的管控措施，包括执法办案、辩诉交易、合规监管等。

其二,公安机关虽对企业立案侦查,但未对负责人采取刑事拘留的强制措施的,可以建议企业将“合规整改”纳入工作计划,启动并针对涉案原因开展初步的合规整改,以争取在检察机关的审查起诉阶段,通过已开展的合规整改来赢得“合规不起诉”的机会。

其三,企业本身有较完善的合规管理体系,但相关人员或企业本身还是被公安机关立案侦查的,应尽快帮助企业查找违法违规行为发生的源头及原因。如果确实因为企业管理不到位而导致违法行为发生,企业应当承担相应责任的,还是以上述两种策略来给企业建议。如果查明违法违规是员工或相关人员个人原因而非企业原因,则应努力帮助企业找出相关的证据材料,力证企业是依法合规经营,公安机关所查处的涉案事项是个人原因造成,从而避免企业及其负责人受到无辜牵连。例如,很多学者提到过的“中国合规辩护第一案”——“雀巢公司员工侵犯公民个人信息案”①,雀巢公司就成功证明自己合规无罪。

2. 审查起诉阶段

审查起诉阶段是检察机关办理刑事案件的主要阶段,也是当前检察机关主导的涉案企业合规改革的重要阶段。此阶段,合规顾问主要是帮助企业向检察机关提出合规申请以获得机会,申请的方式方法因企业及其涉案的原因而异,主要需要注意以下三方面的问题。

(1)充分调研后决定是否提出申请。前文已论述过“明白哪些涉案企业符合改革试点的要求非常重要”②,也就是说并非所有的企业都适用合规。因此,作为负责任的合规顾问,首先必须对企业的涉案金额及原因、企业及其负责人是否有前科劣迹、企业的经营现状、企业做合规的决心及意愿等问题进行充分

① 参见陈瑞华:《合规视野下的企业刑事责任问题》,载《环球法律评论》2020 年第 1 期。
② 参见本章第一节第三点“我国律师合规顾问业务的现状”中的“涉案企业的合规顾问业务”。

调研，确认企业确实有意愿通过合规整改来挽救企业并促进企业长远发展，才建议企业向检察机关提出合规申请。

（2）协助企业尽快提交合规申请。检察机关的办案期限一般较短，案件进入审查起诉阶段后，应尽快帮助企业向办案检察机关提出合规申请。检察机关在收到公安机关移送的刑事案件后，受办案期限的影响，“事实清楚、证据充分”的简单案件一般会在1个月内办结；“有犯罪嫌疑人被羁押”的案件最长在6个半月（期间还包括2次退回补充侦查的时间）内办结；“嫌疑人被采取取保候审措施的”案件最长在12个月内办结。目前，检察机关一般会在办案期内完成“试点审批、第三方组织选任、合规验收、不起诉听证”等工作，如果申请不及时，留给检察机关的时间不够充裕，很可能得不到合规机会。

（3）找准企业合规的意义。目前，立法层面上并无明文规定哪些情形可以合规不起诉、哪些情形不能合规不起诉，当前检察机关主要考虑的还是合规的意义，即同意该企业的合规申请对社会、对企业、对老百姓有没有益处。因此，在提交申请前，合规顾问也要充分考量涉案企业合规的意义在哪里，不仅仅是简单地帮助企业或企业家脱罪的问题，更多是要从促进企业发展、有利社会稳定等方面来考量。而且，坚决不能弄虚作假，应以真实的数据或事例来反映企业进行合规整改的意义。

3. 合规整改及验收听证阶段

侦查和审查起诉阶段的应对策略更多的是辩护策略，本阶段开始，才是面对合规监管。事实上，根据监管主体及程序的不同，还可以分为“整改”和“验收”两个阶段来进行监管应对。

（1）整改阶段监管应对

当前，涉案企业合规的整改阶段主要由第三方组织来对企业的合规整改情况进行监管评价，因此，监管的主体是第三方组织，我们也称之为合规监管人。

面对合规监管人的监管,笔者建议企业主要从以下三方面进行应对。

首先,应对整改阶段的监管必须明确以下问题:一是整改的时限,该期限一般由企业提出,最终由检察机关同意确定,检察机关会根据案件办结时限来考量。二是监管的方式,即第三方组织是“坐班式”监管还是“节点式”监管。“坐班式”监管就是第三方组织常驻企业开展监督检查,目前,该方式不常见,多数学者认为,该方式适用于对大型涉案企业以及监管期较长的案件;“节点式”监管是指第三方组织以合规计划的完成时间为节点开展阶段式的合规监督检查,目前,笔者遇到过的案件基本上是用该种方式开展监管。三是合规的标准,即“做成什么样子、做到什么程度”可以算合规达标,目前,全国没有统一的标准,一些企业合规改革开展时间较早的地区制定过相关标准。比如,张家港市企业合规监管委员会就发布了一系列试行的企业合规指引以及《企业合规分级评定参考指标》等文件,我们可以参考张家港试行的相关标准协助企业建立健全合规管理体系。当然,如果该地区明确有自己的标准,那合规顾问应该按照该地区的合规标准帮助企业打造合规计划并按计划开展合规整改。

其次,应对监管可以做的工作主要有:其一,培训,通过重点岗位、重点人员分层次的培训,让员工及合规管理人员尽快熟悉企业的合规制度、合规管理流程及合规政策,才是应对监管的“王道”;其二,模拟评测,对企业的合规管理体系进行电话、询问等方式的抽查及监管测试,发现问题及时加以完善改进;其三,沟通,与合规监管人加强沟通交流,协助企业及时提供监管人需要的信息及材料,适时了解合规监管人监督检查的方式、时间、流程,及时反馈给企业并做好接受检查监督的相应准备。

最后,对监管人监管过程中提出的问题及意见,必须高度重视并认真对待,对确实存在的隐患风险应及时整改到位并向监管人汇报反馈,对因客观原因无法改进的,也需要向监管人作出详尽的解释,争取监管人的理解并听取他们的改进意见。总之,应积极配合第三方组织的监管检查,真诚听取监管人的意见建议,及时落实问题隐患的整改。

(2)验收阶段监管应对

合规验收,一般是指合规整改期结束后,检察机关对涉案企业的合规整改情况进行考察,并通过听证等程序,最终对企业作出“起诉或者不起诉”“减轻或者不减轻罚”等处置意见。此阶段,监管考察的主体是检察机关,考察的方式主要是实地探访、听证等方式,考察的对象包括第三方组织的合规监管报告、企业合规整改实效情况等。因此,可以从以下三个方面协助企业应对检察机关的考察监管:其一,协助企业向第三方组织提交企业的合规整改报告及相应的整改工作台账等材料,供其向检察机关进行工作汇报及书面报告等;其二,对涉案的负责人及合规管理负责人进行“听证”培训,帮助他们了解检察机关的听证程序,进行一定程度的模拟听证,做好应对听证、质询等程序的准备工作;其三,协助企业做好检察机关到企业实地考察、走访及可能的检验检测等准备工作。特别需要注意的是,检察机关验收完成后,如果对企业作出相对不起诉决定,一般会给相应的行政执法机关发出给予企业行政处罚的检察建议,实践中,出现过企业得到了不起诉的结果,却要付出高昂的罚款代价的情况。为此,笔者认为,在企业参加检察机关的听证验收时,可以将企业当前的实际盈利情况、整改成果等整理成汇报材料,在听证中就争取检察机关的从轻检察建议,以此帮助企业避免高额的行政处罚。因为目前大多数进行合规改革的企业均为小微企业,高额的行政罚款可能给企业带来“灭顶之灾”。

(二)风险处置

为了帮助企业有效的运行合规管理体系,在企业合规整改期间,甚至是合规验收完毕之后,律师都要继续作为企业的合规顾问,为企业提供长期的“关于合规风险处置”的咨询类服务。实践中，在合规整改完成后，企业会继续聘请合规顾问担任该公司的合规法律顾问，帮助企业维护合规管理体系的运行，提供合规风险处置的咨询意见。通过实践总结，笔者认为，协助企业处置合规风险应注意以下问题。

1. 辅助咨询的角色站位。目前，我国检察机关推动涉案企业合规改革才刚开始，很多涉案企业都是首次接触“合规”的理念，对律师的依赖度很高，常常会把律师当成“问题”或“麻烦”的决策者，甚至有员工把律师的意见等同于公司的“指令”去执行，这样的做法对律师、对企业本身的“风险”都很大。因此，笔者认为，无论是合规整改期内，还是合规整改结束后，合规顾问都应当是提供咨询服务、辅助企业管理的服务者，在服务中必须与企业员工言明该身份，明确告知我们提供的是建议或意见，恪守服务的“本分”。

2. 专业客观的咨询意见。专业客观的意见，往往“针砭时弊”，直指企业管理的痛点。实践中，大多数企业家还是愿意听取专业客观的意见，意见越专业，企业越信任。如果企业涉及合规顾问专业领域外的风险，则合规顾问应建议或提供更专业的机构及人士给企业分析答疑，不能刚愎自用。

3. 规范留痕的处置程序。“依规”“留痕”是企业合规管理两个重要的“抓手”，合规顾问在为企业提供问题处置的咨询服务时同样应做到“处置流程规范”和“工作意见留痕”。举例来说，上文提到的苏州某实验室工程安装公司，在合规整改期间就曾遇到两起财税风险事项，合规顾问建议风险发现者先向合规专员报告，合规专员经立案立项后进行调查搜证，再将调查的情况及证据提供给合规顾问进行咨询，合规顾问给出分析建议交予合规专员，合规专员给出处置方案交给公司老板决策，老板作出决策意见交付合规专员执行（具体流程如图 10 所示）。上述报告、咨询、决策、执行等环节均有相应的书面文件，做到程序规范及工作留痕。

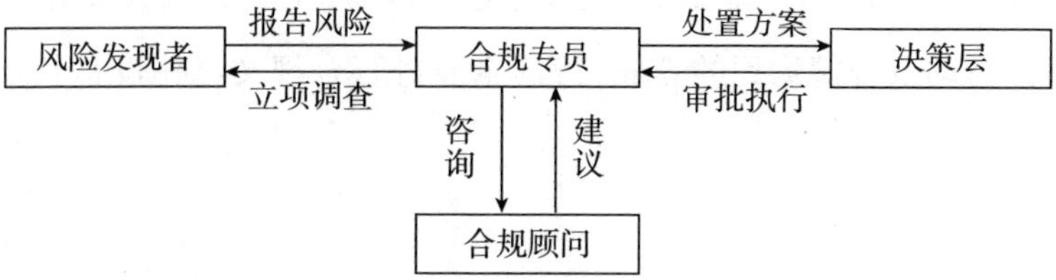

图10　苏州某实验室工程安装公司合规风险处理流程

（三）文化建设

形成成熟的合规文化可以在很大程度上保障企业合规管理长期高效运行，因此，大多数企业合规指引、指南都将合规文化建设列为重要一环。但是，笔者为涉案企业提供合规整改服务时，并没有将合规文化建设作为重点，一般都是将合规文化建设放到愿景及后续计划中，理由如下：一是合规整改的时间有限，一般给予涉案企业合规整改的时间为3～6个月，时间基本用在组织机构建立、制度体系完善、合规培训及合规管理落地运行上；二是合规文化的核心是合规氛围及意识的形成，评判企业是否形成合规文化，不能仅看外在宣传、口号、横幅、画报，更重要的是看“人人有无合规意识”“人人是否遵循制度规则”，因此，行为合规及管理合规意识的养成才更加重要；三是企业文化是在企业长期经营中形成的，不能一蹴而就，如企业文化中常见的“诚信、团结、创新”等内容，就是员工们在长期的对外经营、彼此合作及熟能生巧中形成的，合规文化也不例外，也是企业员工在一次次的规范操作、依规经营及风险排除中逐渐形成的。因此，当前为涉案企业提供合规整改服务时，主要将精力放在合规管理体系的建立健全及落地运行上。当然，这并不是不重视企业的合规文化建设及培养，可以将“全员合规意识”的提高作为企业合规文化建设的核心和重点，通过合规培训来灌输合规的重要性及理念，通过风险处置来警示违规行为的严重后果，通过合规口号的征集和合规价值观的提炼使合规理念注入员工的“血液”。总之,笔者认为,企业合规文化建设是具体的、实际的行动及合规意识的养成,帮助企业进行合规文化建设是长期的服务事项。

第三节 企业合规顾问的职业伦理

一、企业合规顾问的执业原则

律师担任企业的合规顾问，主要是为企业提供正确的合规建议或咨询意见，帮助企业建立健全合规管理体系，而不是帮助企业去"钻法律的空子""逃避法律责任""对付执法机关"。因此，服务中，律师应当找准站位，勤勉尽责，坚守应有的原则和底线。

（一）服务辅助原则

实践中，无论是涉案企业还是非涉案企业，合规建设或整改的主体是企业，其主体地位体现在合规计划制订、合规整改执行及合规成果验收的全过程，合规顾问只是利用自己的知识经验协助企业更好地完成合规建设或整改工作。因此，工作中，围绕"服务辅助"这一原则应做到以下几点。

1. 不以管理姿态开展工作。在服务中，合规顾问会对员工进行访谈、对部门进行调研、对具体工作进行考察等，其间会大量地接触企业的各级人员，如果工作不恰当，可能造成员工的恐慌或者与管理层对立的情绪。为此，合规顾问在实际的工作中应注意以下几点：首先，阐明顾问身份，解释合规的目的和意义；其次，在整改之初，要求企业确定1名合规整改主管，该主管不仅是顾问与企业沟通的桥梁，更是各项整改举措落实的主体，一般就是企业选任的首席合规官或者合规专员；最后，协助合规整改主管开展具体的合规整改举措。

2. 不改变企业原有管理结构。企业一般都有自身独特的权力结构或政治生态，合规顾问在对企业员工进行访谈、考察、培训等工作中，或多或少会了解企业的权力结构体系以及其中存在的博弈、矛盾等。对此，合规顾问应秉持不参与、不触碰的原则，在尽职调查报告、合规整改报告及整改验收报告中，客观地评价风险隐患、推荐合规专职管理人选、协助企业完成整改。目前，大多数涉案企业都是家族企业，企业是老板一人或家族的，老板是企业权力结构的核心，改变这种权力核心结构是很难被接受和实现的，所以应以“制度制约”“权责明晰”“责任警示”等方式在不改变企业权力结构的情况下，达到企业合规的目的。

3. 不越俎代庖应对监管。一般需要应对监管的主要是涉案企业，但是非涉案企业在日常运营过程中也会面临行政机关的各种检查、监督及管理。因此，每个企业都需要应对监管，只是紧迫程度及具体表象不一样。企业才是应对监管的主体，律师不能代为汇报、代为接受检查、代为答辩听证等，但可以协助企业做好应对具体监管措施的充分准备工作，为企业提供模拟检查、模拟评测等服务。

（二）勤勉尽责原则

无论哪种工作，勤勉尽责都是履职的基本要求，合规顾问也应如此。我们将结合合规顾问的职责特点及企业合规整改要求达到的目标和效果，来谈勤勉尽责的原则。

1. 尽职尽责。首先，合规顾问的职能包括但不限于：第一，向企业提供与合规相关的咨询服务，包括解释当前国内外的合规政策、合规理念、合规流程及合规成效等；第二，为企业开展风险隐患的尽调排查；第三，帮助企业整理完善制度、开展合规培训、运行合规管理体系等合规实操工作；第四，协助企业完成整理文件、台账及资料等文书整理、撰写工作；第五，协助企业与执法或监管机关以及合规监管人进行沟通协调等工作；第六，帮助企业持续改进合规管理的各项制度、组织体系等。其次，合规顾问的责任包括但不限于：第一，保密责任，在为企业开展服务时，合规顾问会深入接触企业在生产、技术、营销、采购、财务等领域的商业机密，因此，大多数企业在聘请合规顾问时都会要求签署保密协议，可以说保密是合规顾问的首要责任；第二，依法履职，合规顾问无论是提供咨询意见，还是帮助企业开展合规整改的具体措施，都应当不违规、不违法，遵照遵守法律法规来进行；第三，及时高效，合规顾问协助企业完成各项整改措施，应当按照监管或企业的需求及时高效完成。

2. 真实整改。前文中反复提到了企业开展有效整改的问题，很多专家学者也提出了这样的呼吁，检察机关也希望企业通过有效合规整改“走得更远、走得更稳”。正是基于有效整改的要求，合规顾问为企业提供的整改方案及具体措施应该是符合企业实际情况和发展需求的，做真实贴切的法律服务。首先，要从企业的实际经营状况出发，充分地调研企业的经营状况，包括主营业务、经营模式、管理结构、营利模式等，然后根据企业的现状有针对性地制订合规整改方案。其次，要根据现实的风险隐患做整改，实践中，监管机构的合规标准全面细化，但实际上企业可能仅仅是在某一两个领域存在较大风险，因此，合规顾问应根据调研分析的结论与监管机构和企业进行沟通协商，提出针对重点风险隐患开展整改的意见。大多数这样的意见是会被接受的，并且最终证明是对企业最为有效的整改意见。[①] 最后，整改措施应具有较强的实操性，应秉承简便易操作且贴近岗位工作实际的原则，使措施能够顺利落实且有较长的"生命力"。总之，真实整改的目的是让合规顾问的工作变得有价值和意义，让企业的整改更加有效。

3. 力求实效。真实整改的目的就是力求实效，实效主要表现在以下三个方面：一是企业逐步养成合规的习惯，如上文中的苏州某实验室工程安装公司在合规管理落地运行后，就不断有员工报告相关的风险隐患，这就是通过整改让各岗位员工都有了合规意识；二是能够应对合规监管或执法机关的检查验收，合规监管及执法机关检查验收等工作实际上是对企业合规管理体系的评测，能够通过评测至少说明合规整改工作基本达标；三是企业运营的风险隐患逐步减少，企业违法违规的风险隐患主要体现在管理混乱、守法意识差等方面，通过整改后企业的各岗位权责更加明晰，工作、报告及决策更加有条不紊地进行，这也是合规整改要达到的实效之一。

（三）法纪底线原则

1. 不钻法律空子。法律是被用来遵守，而非用于辩解或对抗的。律师对于企业而言，一般被视为解决法律问题的专家，当企业遇到法律追责时，往往会想方设法来免除或减少责任承担，因而就会聘请律师来解决难题。律师，在我国古代也被称为"讼师"或者"讼棍"，因此，传统观念中，律师就是"拿人钱财替人消灾"的角色。但是，作为现代法律人，律师应当是"法治公正"的基石，相较于检察官、法官，律师接触的当事人最多、服务的范围最广，如果律师群体教企业、当事人"钻法律空子""绕开法律监管"，无疑是在传导、传播法治的负能量，最

---

① 在此，笔者想提醒一下广大律师，切忌做"另起炉灶"式的合规整改以及对企业没有的生产经营内容进行"预设型"的合规整改。

终损害的是司法公信力及公民对公权力的信任。因此,律师在为企业提供合规顾问服务时,应坚持有效合规整改,摒弃“纸面合规”应付;坚持言明问题风险,拒绝包庇隐瞒错漏;坚持合法合规解惑,反对逃避应有责任。

2. 不违职业道德。约束公民及企业行为的有各种各样的法律法规,守法是公民及企业不被追究法律责任的唯一路径。企业合规是为了守法经营,为企业提供合规法律顾问服务,就是为了帮助企业依规守法,因此,守法是律师提供合规顾问服务最低的职业道德底线。此外,《中华人民共和国律师法》等规范律师执业行为的法律法规也是合规顾问律师必须遵守的行为准则。还有,律所与企业签订的服务委托协议中约定的“保密”等义务也是律师职责的重要来源。熟悉并严格遵守律师职业的职责、道德及法律底线,是律师能够完成合规顾问工作的前提和保障。

3. 不损社会公益。有人提出,合规是不是就是给企业家逃脱法律责任而让员工成为“替罪羊”? 显然,合规的目的并非如此。合规是为了让企业依法合规经营,企业家仅仅是企业经营的一方面,各岗位员工的工作同样是企业经营的一部分。合规整改对岗位职责及权限的明晰,并不是将企业管理者的责任推给员工,而是让各岗位的管理者及被管理者都能明确知道自己的职责及风险,各司其职、各负其责。因此,我们帮助企业建立合规管理体系,不能只考虑企业家的需求和利益,更应该劝导企业家从长远发展的角度来考虑整改的措施及制度的设计,不能以损害员工的利益为代价去设计合规管理制度,更不能为了让企业家逃避应有的管理责任而将员工的责任无限扩大。总之,即便是受企业家聘请——“老板付钱”,也不能“吃人嘴软、拿人手短”,做损害企业员工及他人利益的事情。法律工作者是法律公平正义的代言人,应当有较强的社会责任感及担当,帮助企业合规是有利于社会经济健康发展的好事情,我们不能“好心办坏事”。

二、合规顾问的责任风险

（一）合规顾问的责任

1. 合同责任

合规顾问为切实履行合规法律服务合同，提供优质高效的合规服务，必须加强自身的素质建设及执业技能提升，减少因服务不到位、法律适用不当、工作方法不当导致的客户经济损失，避免使其承担不应承担的法律责任。这就要求从事合规法律服务的专业律师不断学习国际规则、域外法律法规、行业规则、监管规则、商业道德等知识。此外，鉴于合规业务通常需要对企业所在行业和企业的业务有较深的认识和了解，合规顾问应对相关行业有较深的知识储备，这样才能有效承担法律服务合同责任。

2. 法律责任

一般而言，民商事律师或者从事法律顾问服务的律师，更擅长诸如合同审查、股权分析、劳资关系处理等传统静态业务，并不熟悉行政监管法律和刑事法律。但如果作为合规顾问，对合规规则、行政、刑事法律法规掌握不牢，会导致提供给客户的法律建议发生错误，使企业承担不应承担的损失。如果发生争议及纠纷，则合规顾问及律师事务所也要承担相应的法律责任。此外，对于客户的违法要求，合规顾问应立即拒绝，并向客户阐明拒绝理由的法律依据。

3. 社会责任

目前，合规法律服务是律师行业的新兴业务，也是国家和社会主体的新需求。合规顾问帮助企业建立合规管理体系时，可以通过合规整改对管理者和被管理者的岗位职责及权限的明晰，让他们都能明确知道自己的职责及风险，各司其职、各负其责。合规顾问应当劝导企业家从长远发展、持续发展的角度来